監修　塚口 伍喜夫

わが思いを発展の礎に

—社会福祉法人若手幹部の提言—

編集　野嶋 納美・郷田 真佐美・小椋 安希子

はじめに

この催しは、令和4年11月29日に神戸市中央区の兵庫県立中央労働センターで行いました。総合司会は笹山博司氏（社会福祉法人ささゆり会副理事長・法人本部長）と森脇恵美氏（社会福祉法人千種会法人本部長）の二人に委ね、コメンテーターとして岸本敦氏（社会福祉法人千種会ＣＥＯ・ＮＰＯ法人福祉サービス経営調査会理事）及び山本正幸氏（元宍粟市社会福祉協議会事務局長）にお願いをしました。

今日の厳しい経営環境から、若手経営者は将来に対する不安を醸し出しています。本書は、そうした中での若手経営者の発言集です。この声がどこまで届くか。

もともとこの企画は、本会顧問の塚口伍喜夫さんが立案され、笹山理事長と私、野嶋が練り上げ出版の運びとなりました。発言者の内容をお聞きいただき、ご批判もいただきたいと思います。

編集長　特定非常利法人福祉サービス経営調査会　副理事長　野嶋納美

わが思いを発展の礎に

―社会福祉法人若手幹部の提言―

目次

一　首都圏における保育事業での職員配置とコロナ禍における危機管理で学んだこと

社会福祉法人東京愛成会　三浦　修

森脇コーディネーター：まず、最初に発表いただきますのは、社会福祉法人東京愛成会の三浦先生です。よろしくお願いします。

社会福祉法人東京愛成会の三浦と申します。当法人は、東京で1園、横浜で4園、認可保育所を運営しております。首都圏ということもあり、財政面については、問題なく運営しております。人材確保についても、厳しかったのは5～6年前であり、現在は、落ち着きを取り戻しております。

コロナ禍での対応を通して何を学んだか

コロナ禍では、手洗い、うがい、換気、マスクの着用など、当たり前に行っていることが、とても大切であることに気づきました。実際にコロナ禍では、インフルエンザやノロウイルスなどに罹患した園児はごく少数でした。

次に、体調の変化を注意深く見ることの大切さを学びました。一人の園児のコロナ感染が園全体に影響を及ぼす状態での保育サービスの提供は、緊張感を培うことができました。また、職員一人ひとりの緊張感が不足していることが、当法人の一つの問題であることに気づきました。コロナ禍が明けてからも、緊張感をもった保育対応を行えるようになり、職員の感染症に対する考え方に変化が起こったことは、職員のスキルアップに繋がりました。なぜ、手洗いをするのか、なぜ喚起をするのかなどを、実感として肌で感じたことは、コロナ禍で学べたことだと思います。

コロナ禍での保護者への対応ですが、コロナ感染が疑われる症状がある場合は、自宅待機のお願いをしておりました。保護者の理解もあり、スムーズに実施することができました。普段からの保護者との信頼関係、声かけが大切であることを痛感しました。

また、保護者一人ひとりのコロナ感染に対する不安の大きさが異なり、個々の要望に応えることが困難の中、園の方針を説明し理解していただくことは、厳しい対応であったと実感しております。コロナに感染した園児がいることを周知したときには、保護者からは、「何歳児ですか」「〇〇ちゃんのことですか」などのご意見があり、犯人探しともいえる騒動がありました。慎重かつ丁寧な説明が必要であることを学びました。

職員体制については、ゆとりを持った職員の配置をしていたため、職員がコロナに罹患しても問題なく対応できました。職員間の情報共有についても、園児の体調などを園全体で共有しておりましたので、円滑な保育対応に繋がりました。コロナ禍における緊張感が職員の結束力の強化に繋がったと考えております。

リスクマネジメントについては、コロナ禍での行事の開催が問題となりました。運動会や生活発表会の開催については、園児の登園人数が大きく変動する中、行事が中止となる休園園児の人数の設定や、行事内容の変更など、様々なリスクを考慮しながら対応しました。幅広い視野で物事をとらえ、柔軟な対応を行う必要性を学んだと思います。

コロナ禍では、園長と主任が同時にコロナに感染することもありましたが、職員同士が協力し、本部とも連携して、園児や保護者に不安を与えないような運営をすることができました。コロナ禍は、数年にわたりましたが、職員一人ひとりが緊張感を持ち、責任を持って保育に努めることができたと思います。職員が成長したのは実感できますが、今後、平常時に戻った時に緊張感が途切れてしまう不安が残っております。この期間の経験から学んだことを、今後の保育に活かしていけるかが課題と考えております。

行政への意見

行政との関係（連携）ですが、自治体によって異なることがあります。当法人は、東京都と横浜市で保育所を運営しております。コロナ禍の保育所の休園の判断について、横浜市は、園の状況を踏まえ、保護者の理解を得て対応するように助言されました。一方、東京都については、職員（保育士）配置基準に達していれば、休園はせずに運営するように指導されました。コロナ禍初期であったため、有効な対策がない状態での運営は困難を極めました。その後、状況も変動し、その都度、行政の指導及び助言は変更されましたので、保育所運営は混乱し、厳しい状況が続きました。総論である程度の方向性を助言しつつ、各法人での対応ができることを望みます。

最近では、行政に対し、「このようにしてよいですか」と提案することが多くなりました。首都圏は多数の法人があり、行政が個別に適切な指導及び助言をするのは困難であると感じました。むしろ、各法人が状況を説明し、対応について提案することで、迅速な対応ができるのではないかと考えております。横浜市においては、提案型で相談することが多く、関係性も良好になりました。一例を挙げますと、横浜市の場合、保護者のクレームを特に留意しています。そのため、保護者への説明について最新の注意を払い、対応する旨の提案をすることで、迅速な対応を行えるようになりました。行政が動いてくれないと嘆くのではなく、こちらから提案することの必要性を感じました。

最後に、社会福祉法人における助成金活用について、話をさせていただきます。認可保育所の運営は、社会福祉法人以外でも運営することができます。最近では、株式会社などが多数参入しております。公共性の高い社会福祉法人と営利目的の株式会社という、相反する法人が同じ認可保育所を運営している状態になっているのです。そのため、不可解もしくは、道理に合わないと感じることがあります。私の個人的な感想ですが、助成金に関わる一例をお話しさせていただきます。コロナ禍で保育所が休業しても、運営費を削減されることはありません。厚労省通知（令和二年六月十七日）では、コロナ感染により休業した保育所は、休ませた職員について、平常通りの人件費の支出が求められています。一方、雇用調整助成金は、休業した職員に給与を支給した場合、申請すれば助成金が支給されます。同時に行えば二重取りとなる懸念があり、東京都に尋ねましたところ、「できれば申請しないでほしい」と回答がありました。公共性の高い社会福祉法人であれば、申請することはないと考えますが、株式会社等であれば、おそらく申請することになるでしょう。園児の未来に携わる認可保育所を運営するにあたり、透明性や公平性を重視すべきであり、今後の課題として考えていくべきであると感じました。以上です。

森脇：三浦さんありがとうございました。三浦さんから4つの課題に沿って提言をいただきました。

コロナ禍を通じて、確かにマイナス面だけでなく、そこから何か基本の大切さであるとか、日常を本当に当たり前にやっていかないといけなかったことなど、見直すようなきっかけになったと思います。それを日常に結び付けていくことの大切さを、私たちも実感したところでもございますし、また、行政に対しましては、こちらから提案型という風におっしゃっていたことは大変私も印象的でした。

それでは、コメンテーターの方々にご意見を伺ってみたいと思います。

岸本　敦コメンテーター：東京のことはよくわかりませんが、私も保育所は3園やっているので保育所のことも少しは関心があります。株式会社の場合は、株主に対する配当や、上場すればさらに多くの利害関係者の利益を考えなければなりません。そうなると「福祉の心」や「創設の心」といった純粋な理念こそがこれからの自分達の強みになると思います。ありがとうございました。しっかりやってください。

山本正幸コメンテーター：三浦さんの経営しておられる保育所の定員、規模はどうなっているのですか。

三浦：横浜市の保育所の定員は、60名、120名、50名で、東京都の保育所の定員は、108名です。

山本：私は老人介護施設経営や障害者施設経営については経験があるのですが、児童福祉については自信がありません。ただ、私の連れ合いが、長年、公立幼稚園や保育所の園長や所長をした経緯がありまして、子どものことや子育て支援については、よく連れ合いと議論しています。

児童福祉の面では、やはり人口減少と子どもの数の減少がこれからの施設経営に大きな影響を与えるものと思います。私の地域では、行政が幼稚園と保育所の統合計画を進めていまして、統合したこども園を民間でやるのか行政でやるのかということや、エリアの問題で地域住民や子どもを持つ親との意見調整など、いろいろな課題が出ています。

とくに私の小学校区では、こども園を行政で一か所つくり、その経営を地域の社会福祉法人にお願いしたいと公募しましたが、当該社会福祉法人が断念するという事態となり、今は公立のこども園となっています。行政がやる場合も民間でやる場合も、職員確保の問題がネックになります。

やはり、高齢者介護も障害者支援も児童福祉も人手不足は否めない事実ですね。また、今、世間を騒がせている保育所の送迎バスの園児置き去り事故。これも、人手不足が起因する問題ではないかと思います。さらに、このような事態が続くと、保育の質の低下に繋がりかねないと思います。

今から子どもの数は減ってきます。都会でも将来的にこの問題に突き当たる日がきます。その場合に、今後どういう展開が必要なのか、そういうことをいろいろと考えながら聞かせていただいておりました。最近の出来事や私の考えも含めてコメントさせていただきました。ありがとうございました。

森脇：両コメンテーター、ありがとうございました。

二　創設者から学ぶ

社会福祉法人神戸婦人同情会　河本幸子

私は神戸婦人同情会、特別養護老人ホームブルーバレイの施設長の河本でございます。今回は貴重な機会を賜りありがとうございます。私は、神戸婦人同情会で25年勤めており、この間、在宅介護サービスや施設サービス、地域包括支援センターで勤務して参りました。現在は特養の施設長を務めており、施設・在宅のことなどを主題に沿ってお話しさせていただきます。

神戸婦人同情会の歴史・法人の事業概要及びブルーバレイの所在する地域の特色について

神戸婦人同情会は設立が大正５年で、キリスト教の伝道師であった城ノブ氏によって創設され、女性の救済・自立支援を掲げ、今も母子生活支援施設として継続しております。その後、児童、高齢者事業など時代が必要とする事業を展開して参りました。今では、受託事業等も合わせると22事業を運営しております。事業の概要としましては、高齢者分野と保育・児童分野に大別されます。収益で言いますと、高齢50％、保育・児童50％という割合です。

ブルーバレイは神戸市の灘区にございます。灘区は人口13万６０００人で、高齢化率は24・２％。令和４年版高齢者白書によりますと、日本の高齢化率が28・９％であることを考えると、まだ若い世代が多いと推測できます。北側には摩耶山、六甲山がひかえ、裾野には住宅地が広がっております。当施設は灘区でも北西に位置し、王子動物園の北隣です。ブルーバレイは平成10年にオープンし、特養50床、ショート８床、併設デイサービス定員60名の他に、入所者のための診療所、居宅介護支援事業所、地域包括支援センターを運営しております。

パネルディスカッションのテーマと課題

今回のパネルディスカッションのテーマを、順番に述べていきたいと思います。

社会福祉、高齢者福祉の現状評価

最初に「社会福祉」というものを私なりに考えてみました。直接感じる部分でいうと高齢化率の上昇と、少子化の影響もあってか、虐待、DV、生活困窮者と言われるような方々や社会的に課題を抱える方々のニーズが増加してきています。平成12年以前は「社会福祉」「福祉」というものは「特別な人が受けるもの」というイメージが根強かったのですが、最近、社会福祉というものは一般化してきていると言えます。

当法人では、児童、高齢、母子に対応していますが、難しい問題を抱えるケースが増えてきております。児童養護施設ですと、現在、入所児童の約半数が虐待に関連して保護された子どもです。また、ＤＶから逃れて来る親子、虐待高齢者の緊急入所なども増えてきております。

地域包括センターで支援するケースの中には、認知症が進み財産被害に遭っている身寄りのない高齢者のケースや、もっと複合的な課題を抱えるケースもたくさん存在します。今「８０５０問題」と言われていますが、「９０６０問題」の家庭に対応することもあります。

どの分野にせよ、周囲からの「救いの手」を必要とする人が福祉から遠く、なかなか支援にたどり着かないというのが現状であると考えたら、今の日本の「福祉」というものが、申請主義のままできているということが根本的な課題だと日々感じております。

さて、高齢者分野では介護保険制度が平成12年に創設されて24年が経ちました。サービスの供給量は爆発的に増えており、最近灘区では、新規のサテライトのデイサービスは指定を受けられません。逆に近隣では、デイサービスが何件か閉鎖するところが出てきています。

しかし、「器」だけ作っても、高齢者分野だけではなく、福祉業界全般が慢性的な人材不足という課題を抱えており、その「器」の機能を十分に果たせておりません。それは、介護施設だけではなく、多職種を必要とする地域包括支援センター等でも人材の確保が難しくなっています。当法人の児童養護施設では、職員の不足から定員を減らす決断をするようなことがありました。人材不足の面から考えると、社会的な使命の部分で、社会福祉施設としての役割が果たせていけるのか、という不安を抱えていることが一番の課題だと私は考えております。

地域のことに少し目を向けますと、受託している地域包括支援センターの圏域内にある市営住宅は高齢化率が75％です。住民同士の見守り活動も10年以上前に中止しており、昼間でも閑散としています。住民活動を行おうとしても担い手が高齢者であり、外部からの支援なくしては新しいことは始められません。他の地域でも、子供会もなくなり、老人会の維持も難しい状況が見られています。灘区で見ると、平成12年から平成27年の15年間で高齢単独、高齢夫婦のみの世帯の増加率は１５７％、全体の総数は増加率が１１９％であることを考えるといかに高齢化が進んでいるかが窺えます（令和2年7月神戸市作成『地域の基礎データ（灘区）』参照）。以前のような住民活動を再構築することが非常に困難となっています。

また、別の課題として、高齢者がこれほど増えているのに当施設に限らず、特養の入所待機者確保に苦労しています。施設が受け取っている申込書の総数は非常に多いのですが、重複していたり、すでに別の特養に入所していたりと。昔は「3年待つ」みたいなことも言われていましたが、現状では、半年前に申し込まれた方が入所対象に上がるくらいです。当施設の平均在所日数は平成21年で4・5年、令和4年で2・7年です。要介護3以上に入所基準を変えたことも、入れ替わりの速さを助長しているのは間違いないと考えていますし、有料老人ホームなど、他の居住系サービスが増えたことも一因だと思われます。

人材確保と人材育成上の課題

まず初めに、「マイナスイメージ」が一番のハードルだと思います。「親が反対している」と聞くこともたびたびありました。

もう一つは、少子化の中で福祉を担う次世代の育成が非常に難しく、新卒の確保が困難を極めております。各種媒体を使っても、溢れる情報の中から、当法人を選んでもらうことの難しさを痛感しています。

そんな中で、当法人では介護事業所において外国人材を積極的に採用しています。ＥＰＡ、技能実習、特定技能、特定活動46号、介護、日本人配偶者等の在留資格、すべて当施設にて採用しています。しかし、メリットとデメリットがあり、ＥＰＡや技能実習生などは最低３年はいてくれても、それが終わると少しでも条件の良いところに流れてしまいます。当法人でも、一生懸命育成しても東京に行ってしまいました。また、外国人の採用には、準備の大変さや手数料負担も重くのしかかってきます。しかし、一人ひとりを見ると、優しくて、丁寧で、ご入所の方からクレームを頂くようなことはありませんので、せっかく育てた外国人職員が長く働きたいと思える職場作りが急務です。

昨今、処遇改善手当のおかげで介護職の給与は上昇しています。しかし、その他の職種に関しては、特定処遇改善で少しは配分できるものの差が大きく、介護福祉士からケアマネや相談員に異動を拒否する人もいるくらいです。同じく、居宅ケアマネや包括職員の確保も困難で、当法人でも主任ケアマネを10か月補充できない年度もございました。このアンバランスを是正しないと、今後地域包括ケアシステムの実現の大きな壁になってくるのではないでしょうか。

もう一つの視点は「対人援助職」の向き不向きです。人材育成の難しさで根本的な課題だと感じるのは、ＥＱの低い人はいくらＩＱが高くても、介護職には向いていないと感じるところです。ＥＱとは平成２年に米国の心理学者ピーター・サロベイ氏とジョン・メイヤー氏により研究された理論です。日本語では「心の知能指数」と意訳され、仕事や人間関係において「感情をうまく管理し、利用する能力」であるとされています。つまり、「感情労働」ともいわれる介護職に感情をうまくコントロールできない人がおり、虐待や不適切ケアへ繋がったりする可能性があります。今、世間はＳＮＳの発達とともに「不寛容な社会」と言われています。これは、そもそも日本の教育でＩＱばかりを重視し、ＥＱを高めるトレーニングをしてこなかったせいかもしれません。介護職員が、感情をコントロールできなかったら、施設としての大きなリスクとなってしまいます。

コロナ禍の対応で学んだこと

コロナ禍への対応で学んだことということころで、コロナ禍以前のお誕生日会では、併設の保育園から、103歳になられたおばあちゃんのお祝いに来てくれて、当たり前のように触れ合っていた日常がありました。しかし、5年前に一変しました。

コロナ禍への対応で学んだことの一つで、この5年の間に急速に発展したのが、リモート関係のツールだと実感しています。Zoom・LINE・teams・Skypeなどテレビ会議システムがこの業界にも一気に浸透してきましたし、施設においては、ご家族とのリモート面会や、相談員による入所前面談もリモートで行うことができるようになりました。在宅のケアマネによるサービス担当者会議もリモートで行ったり、職員研修もWEBで受けたりするような状況で、今やなくてはならないものとなっています。特養館内の記録システムをモバイル化することで、職員同士が直接話して感染するリスクも低減できていますし、感染したり、濃厚接触者となった居宅のケアマネに、モバイル機器を持たせてリモートワークを行ったりするようになりました。また、このことに通じるものがありますが、説明会や面接や試験などの採用活動もリモートで実施することもできるようになりました。移動が制限されているときなどは特に有効に思えますが、やはり、直に実施できるに越したことはありません。

もう一つは、令和4年の8、9月にブルーバレイでは利用者19人、職員10人のクラスターが発生しました、その時ちょうど第7波の真っただ中で、保健所に連絡すらつかなず、入院調整を依頼しても「施設で診て下さい」と言われ、入院できませんでした。結局、抗ウイルス薬の点滴や酸素療法の導入、経口薬の処方など、施設でできる限りのことをし、最終的には2名の方が亡くなられました。保健所が手助けしてくれたことは、コロナ死亡者専用の納体袋を持って来てくれたことです。この状況は今後も出現すると思いますので、感染防護具を大量に準備することはもちろん、酸素の機械をすぐに導入できる準備など必要ですし、抗ウイルス薬の投与を早期に開始するなど重要だと思います。

さらに、世間の感染拡大期にショートステイの方からも、入所後に発症する方が複数おられ、ショートステイを閉めるタイミングにも相当苦慮しました。最終的には、施設で感染した方以外はお断りすることになりました。これだけのクラスターとなると、ショートや入所で空いた穴を埋めることは相当の期間が必要となります。コロナ禍でショートやデイサービスを止めるタイミングは今後も悩むと考えます。

最後に感染症ＢＣＰの重要性についてです。職員が減ったり、陽性者が増えてきたりすると、感染症対応に人手がかかり、防護具の着脱だけでも時間がかかるようになってきます。増えた分、業務をコンパクトにしていかないと回らない状況です。全員居室対応になると、コンパクト介護、ミニマム介護にシフトしないと、食事、排泄など、最低限のことも回らなくなりますので、どの段階でシフトチェンジしていくかの指標を持っておく方が、いざという時にスムーズだと実感しました。

ブルーバレイでは感染症ＢＣＰの中に「感染対応時業務簡略化基準表」を作成しています。当初、「職員の出勤率」から考えたものしかございませんでしたが、令和４年の８、９月のクラスターを経験して、「利用者の感染者数」によっても大きく変わってくることに気づき、検討し直しました。最後は食事の回数まで絞らないといけない状況になっています。食事の準備はできても、食事介助の人出が確保できないため、高カロリー補助食に一部変更して、一日の栄養所要量を確保したりしました。

また、対応終了後は、入所者の方々のＡＤＬの低下や認知症の進行が顕著にみられるようになったりするので、一斉に再アセスメントを実施したり、コンパクトにした業務をどのくらいのペースで平常にまで戻していくかに相当の気を遣いました。ご利用者全員の隔離期間が終了しても、職員も万全の体制になるまでは無理に戻さない方が、無用な混乱を招かないことを痛感しましたので、基準表の逆の順を辿って戻すことにしています。

行政に要望したいこと

4つ目のテーマの行政に要望したいことですが、介護という「尊い仕事」をプライドをもって、専門性高く遂行できる土壌づくりが大切です。小中高生に対する教育の中にも、社会貢献度の高い仕事として強くアピールし、社会的地位の向上に繋がってほしいと願っています。

そのためにも、物価高騰対策とは別に更なる処遇改善は必要ですし、その他の職種も併せて考えていかないと、この高齢者福祉の業界全体のアンバランスさは解消されないと考えています。地域包括でも、圏域の高齢者数は右肩上がりなのに、平成18年以降、センター職員の配置人数は変更されていません。

また、人材確保で言うならば、外国人の定着支援を積極的に行ってほしいと考えます。

実際に、住居の確保などは法人ごとに苦労して行っている状況です。彼らが定着することで、納税者になるということを考慮して、是非空きのある市・県営住宅の貸与などを検討して頂きたいと思います。神戸市は日本語学習や資格取得のためにかかった費用の3分の2（上限8万円）の補助をすでにして下さっているのでとてもありがたいことだと思っております。

今日の社会福祉・介護福祉の現状では、外国人材がいないとやっていけないというところを、行政にもっと訴えかけていかなくてはならないと考えております。

「現状と課題」の中でも触れましたが、介護保険制度下で作られた「地域包括支援センター」では対応しきれない、世帯として複合的な課題を抱えたケースも非常に増えています。その世帯の高齢者のみを対象にしても、何ら解決に繋がらないような世帯です。どんな制度にも精通した「ハイパー相談員」がいるわけでもありませんので、多職種連携として様々な機関と連携するのですが、1包括が主導することでもありません。

全国的にも、そのような課題を抱えたケースに対応するために、令和2年に「重層的支援体制整備事業」が創設されました。これは①相談支援、②参加支援、③地域づくりに向けた支援を一体的に実施し、属性や世代を問わない相談・地域づくりを横断的に一体的に実行していくものです。しかし、残念なことに「任意事業である」ということです。神戸市は大都市であり、是非前向きにこの事業を進めていってほしいと思っております。

さらに、平成10年前後に建てられた特養などの老朽化が全国的に進んでいます。当ブルーバレイも同様ですが、介護士が確保できず、入所希望者が減ってきている中で施設を増やし続けるより、是非、今ある施設の大規模修繕に対して補助金を打ち、より長く施設が存続できるように支援してもらえることを要望していきたいと思います。

今のブルーバレイができること

さて、最後にこれまでの４つのテーマをいろいろ考えながら、当施設で何が実践できるか、何をしているかを４つにまとめました。

まず、社会的使命である地域に根差したセーフティネットであることです。具体的には、虐待ケースへの積極的な関与や緊急ショートを受けることは当たり前ですし、令和４年の始め、「やむをえない措置」による高齢者を施設でも受け入れました。また通所介護では、「どんなに大変な状態の御利用者でも受け入れる」と決め、医療依存度の高い方や、他のデイサービスで断られて、行くところがなくなったＢＰＳＤの強い認知症の方なども受け入れております。最近では「困ったときのあおたにさん」とケアマネジャーに言われるようになり、併設デイサービスがある居宅のケアマネジャーからも紹介がよくきます。

次に、人材の育成ですが、福祉施設は有資格者ばかりです。介護士も「介護福祉士」資格がゴールではなく、そこからがスタートであると位置づけて、職員のモチベーションアップと学ぶことの大切さに力を入れています。喀痰吸引研修・認知症実践者／リーダー研修・アセッサー・介護福祉士実習指導者講習・おむつフィッター・認知症ケア専門士・ケアマネ等々、様々な認定資格に次々とチャレンジしてもらっています。大体順番に取得していきますが、本人の興味を大事にしながら、学ぶことの意義、大切さを職員に伝えるようにしています。

コロナ禍でも孤立させずに寄り添うことです。コロナ禍が始まり、自宅で過ごすことが増えた高齢者、また、その家族の見えないストレスをケアしようと「介護なんでも相談室」を令和３年にデイサービスで始めました。相談事はまさしく「なんでも」です。介護をされているご家族が、困っていること、悩んでいること、気になることを相談員、介護士、看護師が相談を受けます。主にデイサービスのご利用者家族向けですが、ケアマネジャーとはまた違う、サービス提供者と話すことで、より具体的な結びつきが生まれたりします。ちょうど始めてから1年が経ち、まだ10件足らずの相談ですが、定期的にチラシを配ったりして、家族を介護で孤立させないように取り組んでいます。

最後に、これは法人全体の取り組みについてです。ＳＤＧＳへの取り組みを積極的に行うことが、我々の社会福祉事業の発展そのものであると考えております。まだまだ大企業ほどではありませんが、社会福祉業界そのものがＳＤＧＳの推進者であると前面に打ち出すことによっても、業界全体の価値が上がると考え、法人全体での研修、推進活動に取り組み始めたところです。

次の100年を創造するために

当法人は平成28年に１００周年を迎えました。１５０周年、２００周年を迎えるためにも、時代に合わせた社会福祉の展開、支援を創造して参りたいと考えております。しかし、当法人の創設者である城ノブ氏が、自らの使命感から、須磨の海岸に「死なねばならぬ事情のある方はいらして下さい。相談にあずかります」と自殺防止の立札を立て、困っている女性に寄り添い続けた原点を忘れず、この先も受け継いでいきたいと思います。

森脇：河本さんありがとうございました。やはり歴史の深い、法人ならではの時代の流れの中で肌で感じられてきたことも含めて、大変貴重なお話を伺えました。確かに、私たちを取りまくこの社会福祉サービス、社会福祉法人の提供するサービスの対象というのは、人数などかなり多面化してきていますし、対象者の方の問題というのは、複雑多様化してきているという印象がございます。いろいろな人材に関することや、コロナ禍に関することなどのお話をお伺いしながら、会場にいらっしゃる皆さんもそうだと思いますが、私も心の中で、「そうそう」という風に大きく頷きながらお伺いしておりました。

それでは、ここでコメンテーターの方々にもご意見をお伺いしてみたいと思います。山本さん、よろしくお願いいたします

山本：非常に考えさせられると言いますか、感銘いたしました。

私は社会福祉協議会の職員だったのですが、前談の話の中で、８０５０、９０６０

問題や、地域の実態から市営住宅での担い手がいないなどの話がありました。神戸市の社協も他のことで多忙かと思いますが、もっと連携して、その地域の底上げを図るための取り組みなどをしてほしいと考えます。

やはり人材確保は、将来に向けて大変な問題です。ＮＰＯの福祉サービス経営調査会でも外国人材の確保に力を入れていて素晴らしいことだと思います。介護は、昔から女性がするものというような考え方があります。現在は、ジェンダー平等や様々な性差の意識が改善されていますが、やはり、国や政治家たちが真剣に取り組んでいないこともあり、何度介護報酬の改定や、介護保険法を改正していったとしても、改悪にしか見えてこない現状があると思います。

それから、感染症のＢＣＰ対応というのは素晴らしいなと思います。これは大変なことです。ＢＣＰを策定し、その取り組みの中で模擬訓練を実施しようということが災害対応でありましたけれども、実際に職員がどの程度対応ができるのか、いざという時、何人ぐらい出て来れるのかというのを調査すると、本当に問題がたくさん出てきますので、これはこれで大変なことだと考えております。

また、やはり介護のイメージアップというのは重要です。確かに親が反対したり、若い人が介護職を目指さないというのは給与の問題などもあると思いますが、イメージの問題があるのは私も同感です。

一つ疑問に思ったのは、育成の部分で、資格を取ったらそれで終わりにせずに、次々に新しい資格を取らせることに職員は嫌がらないのでしょうか。それはそれでモチベーションはもちろん上げられると思いますが、何かそういう支援などは法人としてはされてないですか。

社協の職員では社会福祉士の資格取得が勧められているので、職員にいろいろと支援してきました。例えば、資格を取得したらそのことにインセンティブを付けたりすると、その取り組み自体が素晴らしいものになるのではないかと思います。

最後に、私は「神戸婦人同情会」という法人の名前については、できれば、「婦人」は「女性」にならないのかと思います。創設者の先生が婦人ということだからでしょうか、今の時代にそぐわないと感じます。

私は宍粟の田舎育ちですが、地域に婦人会というものがありました。そこに若い方、女性の方も入ってくださいと言われて、「女性の会」というのを地域でつくったりしました。私も自治会で自治会長もしましたが、婦人会ではなく、「何々自治会の女性会」とか「レディースクラブ」などの名称でした。

法人として素晴らしいことをされていると思いますが、この話は地域福祉を推進している社協の皆さんにも聞いてほしいと思いました。ありがとうございました。

（注）お話にあった法人の名称「婦人」の言葉について、故城純一理事長は、『社会福祉法人を牽引する人物』　城純一と当法人の顧問　塚口伍喜夫の鼎談の中で、法人名の「婦人」について、創設者城ノブの言葉を大切にしたいということから婦人の言葉を残している旨の報告がありました。

岸本：2016年に100周年おめでとうございます。現場によく入られていて、良い「番頭さん」だと思っています。

コロナ禍の中で、いろいろな仕事を簡略化されてるところが非常に勉強になります。しっかりと現場を管理されているので非常に感心しました。

少し気になったところが、歴史があるがゆえの「変化」へのジレンマです。周りの市営住宅の高齢化が75パーセントぐらいで、訪問介護などの在宅サービスのチャンスをものすごく感じます。ブルーバレイは入居があり、ショートがあり、デイサービスがあるのになぜやらないのか。やってないところに自分はちょっと視点を当てていくんですけども、100年以上も続いているということは、実績も実力もある。しかも診療所も揃っている。チャンスもある。そこからのひと伸びには、もちろんパワーのいるところでしょうが、やはりもったいないと思ってしまいます。

なぜかというと、これから企業はそのようなチャンスをどんどん狙ってきます。せっかく良い武器を持っていても、気がついたら企業においしいところを持っていかれてしまっている。だからこそ、自分たちの強みを知り、今何が必要なのかを考えて行動しなければならないと思います。どうもありがとうございました。

森脇：山本さん、岸本さんありがとうございました。

三　科学的データに基づく科学的介護

社会福祉法人ささゆり会　笹山博司

私は、ささゆり会法人本部長の笹山博司でございます。このような場でこのような発表することは不慣れでございますが、どうぞよろしくお願いいたします。

現在は、法人本部長と特別養護老人ホームサンライフ御立の施設長を務めております。

社会福祉・介護福祉の現状評価

介護保険制度が２０００年に始まって24年が経過していると思うのですが、その間に評価できましたか? では、どういう評価をしていますか? その評価は、実は法人がそれぞれ評価しているだけで、一律に決まった評価がない中で現状をどう評価するかというのは難しいことです。ですが、一つの評価基準が見えてきたのが２０１６年の未来投資会議で、これで一つの評価基準の目安ができました。今までデータもとっていない中で、厚生労働省は何をしているんだという話ですが、データもない中で介護を進めてきて、実質評価もない。そんな中で、今回科学的にデータを集めて評価しようというのが二十数年経ってやっと実現します。多分、今後評価するのは、10年先の話になると思います。

介護保険の今の現状は、介護保険から9割、利用者1割ですが、もともと介護保険は多様な介護の自立を促す話のはずです。もともとの介護保険をどこまで理解しているかというのは大きいと思います。

今の現状をどう評価するかというのは、多分、誰も評価できないというのが正しい意見かなと思います。

これからはちゃんと全国からデータが集まるので、それに応じて科学的介護をし、データを見て、高齢者達の適切な自立を促せます。介護は自立支援の方法によってインセンティブの範囲、介護の質を担保するよい形になると思うので、人材確保並びに育成をどうするかは、なかなか難しいです。正直言うと人材不足ですよね。介護でも、多分他の業界も人員不足で、ＩＴ業界は人が足りているのかなと思って、友達に聞いたりするのですが、エンジニアが人手不足だそうです。

人手不足の中で人をどう確保するかということなんですが、いわば介護の目的は何かということかなと思います。今の介護がどういう仕事をしているのか、多分若い子は、イメージとしてはお世話型の介護のイメージしかないのかなと思いますが、実は若い子って意外と社会的意識が強くて、ボランティアとか結構積極的に参加するんですよね。10代、20代の若い子がボランティアで来たりとか災害支援とか結構参加していますよね。皆さんの中でもやっていることかもしれないですけど、どうやって言葉にするのかは難しいと思うんですが、介護には人的基準があって、逆に人数が必要になっているという難しい問題が出てきます。

他の業界だと、別に人がいなくても正直、機械化やＩＴ化できるところはできます。しかし介護は、法律で決まっている人員があるので、まあ何かしないといけません。

人材確保並びに育成をどうするかについての課題

人材確保について外国人の話が出てくると思います。外国人は言葉の壁とか、日本語を教えないといけないなど日本人より手間がかかるかもしれない、いや、日本人より楽かもしれない、そこは分からないです。でも受け入れてみないとわからないこともあるので、受け入れていないところがあれば、外国人の活用というのも多分悪くないと思うのです。

もう一つの手段として考えたらいいのかなと思います。外国人の文化と日本人の文化の価値観は、結構似たようなところもあるし、違ったようなところもあるし、それこそ、宗教上の問題もあるし、国の会社の風土等違った所があるのはなかなか難しいかなと思うので、こちらからちょっと変えていかないといけないところも出てくると思います。

コロナ禍への対応を通じて学んだこと

コロナ禍の当時は職員の皆さんには申し訳ないですけど、いろいろと負担ばかりをかけてきたかなと思います。僕の意見ですが、どこまでやるのかっていうのは大きいかなと思っていまして、多分、もうコロナをゼロにすることはできなくて一緒に付き合うことしかできないですよね。では、一緒に付き合った中でコロナとどう向き合うかなんですが、現在は第2類の分野に入っているんですけど、内容を見ると第1類よりも厳しい状況なんです。

インフルエンザで第5類なんですよ、厚生労働省の話では、今話をすると5類にするって話が出てくるんですけど、2類を5類に落とすことはあまり議論されていないです。その理由というのは、ワクチン接種が有料になるので受ける人が少なくなるという理由なんです。

2類の分類にしてくれないと、ワクチンを打ってくれません。福祉で働いている人は気にしています。政府は、ワクチンを早く打ってくれと言うだけで、働いている人の生活は、あまり考慮してくれていないという現状はよくわかっている状態です。その中で、働きながらどうするのかというのは気をつけるしかないですけど、あとはどこかで究極割り切りをしないといけません。これは、コロナとの付き合いを考えないといけないということかと思っています。

別に高齢者がコロナにかかったらよいというわけではありません。極力今の生活を変えずに、社会を回すという考え方に変えていかないと働いている側のストレスが増し、それこそ人材確保、育成することが大変になるでしょう。人は次々に辞めていき、施設の方は回らないという悪循環に陥る可能性があるので、意外とここは難しいのかなと思います。

それこそ、ＢＣＰをやれと言っていますけど、作るのとやるのとでは別問題で、職員がちゃんと運用できるような形でＢＣＰを作っていかないといけないと思っています。

行政へ物申す

行政に物申すと言いますとなかなかすごい主語ですけど、行政に物申すと言いながら、多分この業界では行政に申していないのですね。いろいろな首長さんとお話しすることもあるんですけど、市長や知事からいつも言われるのが「福祉の業界の人って優しいね」というのが二言目ぐらいに出るわけですね。

福祉の人はおとなし過ぎるって結構言う人もいます。行政には建設関係者や漁業関係者がいろいろ申し上げています。介護保険では政治家の力が必要なことなので、本当は僕ら一人ひとりも行政に物申さないといけないのですが、申すには量が必要であって、皆さんができることといったら選挙に行って介護のことを考えてくれる人を当選させるか、あとは団体で厚生労働省なり政府に嘆願書を出すくらいしか多分方法としてはないですね。一番簡単なのは選挙に行くことです。意見を聞いてもらえないから諦めるはなく、やり続けるしかないのです。

最後に、介護保険審査会では、保険点数は下げられる一方で多分上げられることはないです。下げられないようにするしかないです。財務省の人は、社会福祉の人は世の中の困っている人を助けないといけないので、値上げに出ないで下さいねというが財務省の言い分で、景気がよくなったら儲かっているのだから報酬単価を下げますねと言ってくる。

どちにしても、先の話しかないのが財務省なんですけど、介護保険審査会には大学の先生や医師会の先生が入っているのですが、その中に福祉をやっている人はいません。では、介護保険の保険点数、加算、基本報酬を決めるに当たって介護を知っている人がいない状態の中で会議が行われて基本報酬単価が決められ、皆さんが頑張って報酬をもらったとしても、医師会は医療報酬があるので、正直予算のぶんどり合いになります。一人ひとりが行政に物申すということになると、一人ひとりがもっと福祉に携わっている人を応援するしかないのかなと思います。医療、介護保険と上手く付き合っていくしかないというはあると思います。

行政に物申すのは難しい問題ですが、これくらいしか思いつかないので何かありましたら逆に教えてほしいです。

以上で私の発表を終わらせて頂きます。ありがとうございました。

森脇：笹山さんありがとうございました。私達、社会福祉法人が置かれている政治的立場の弱さに今後どのようなことで取り組んでいくべきかというところ、なかなか難しい問題でしたが、丁寧なお話を頂きました。

それでは、コメンテーターの方々、まず、山本さんよろしくお願いいたします。

山本：介護保険制度での評価という話が冒頭出ましたけど、確かにおっしゃる通りなかなかいい評価がなされていないように思います。

私のことで恐縮ですが、宍粟市社会福祉協議会を定年退職した後、４年間、新型コロナウイルス感染症が始まる前の４年間ですが、私の母校である佛教大学社会福祉学部の非常勤講師として毎週月曜日の夕方４時10分から90分、１コマだけ週１回勤務していました。

社会福祉士養成課程の科目である「福祉計画論」の講義を半年間。９月から翌年の２月まで、１００人程の２回生の学生を対象にやりました。私は４年間その講義を担当したので、１つはネタが尽きたということもありまして、同大学の学部長である岡崎先生に「もう辞めます」と言ったんです。それはなぜか（コロナ禍の影響でありません）。それは介護保険制度と介護保険の事業計画の話をしている時、受講している学生から「先生、僕がそういう年（65歳）になったら介護保険制度はどうなっているのでしょうか」という質問がありました。介護保険制度の将来への見通しというか、現状では展望が見えないという感想を受講した学生が言うのです。私は講義の中で、介護保険制度は創設の時に、見通していたのだろうかと疑問を呈した話をしました。もっと言えば、学生に「介護保険制度。これ失敗ではなかったか？」という話をしたんです。そのこともあって、そういう質問が出たのかなと思うですが、今、介護施設や介護事業者の方々には一生懸命やっていただいています。地域でもいろいろとやっていただいているんですけど、このまま制度が将来にわたって持続可能かどうか。

私は、今65歳を超えていますので、第1号被保険者です。市から通知がきている介護保険料は10万円超えています。今後どんどんアップしていきますよ。それで、本当に介護が必要になったら、利用者負担は今度2割くらいという話になっています。介護サービスを使ったらさらに大変なことになるのではないかと思います。そういうことですから、制度創設時に先を読んでいなかったということが言えるのではないでしょうか。

また、ある資料では、介護が必要になった方の原因のトップが認知症でした。ですから皆さん、高齢になって認知症になったらどうしようかなという不安もあります。うちの連れ合いとも認知症になったらどういうケアをしてもらえるのかということをよく話をしていますが、そういうことを考える歳になってきました。

介護保険制度は3年に1回改定が行われており、平成26年の改定では要支援者の総合事業化が行われるなど超高齢化がこんなに早く来ているということや、介護人材の不足の問題が出てきています。そういった話を大学の若い学生の皆さんに、特に社会福祉を学ぶ学生に話をしているうちに、自分でも自信がなくなって学部長に辞めますと言って辞めたんです。このようなところを関係の皆さんでもっと議論されたらと思います。

最後に私から、超高齢社会の生きる道ということで、私は3つほど挙げてみたんです。まず一つ目、安心して弱者になれるような社会を作らないといけない。二つ目は、安心して要介護者になれるような社会を作らないといけない。三つ目は、障害を持っても殺されないような社会を作らないといけないということをお伝えします。だから、こういった安心して暮らせるような社会をつくっていくために、どうしていけばよいのか。今の政治がそれを本気で考えているのかどうかということを思っています。

令和５年度の国の防衛予算は６兆８２１９億円です。ところが、自衛隊の方はどうかというと戦闘機を買っても操縦するパイロットがいない。戦闘機をたくさん買っても自衛隊も困っているみたいです。そういうお金がもっとこちらの方に回ってくるような仕組みづくりをしていくことを訴えていかなければいけないのではないかと思います。

コメントが少し長くなりましたけど、是非いろいろな形で頑張っていただきたいと思います。以上です。

森脇：続いて、岸本コメンテーターよろしくお願いします。

岸本：私の場合は組織がどのようにイノベーションすべきか、自分にとっても重要なテーマです。一般企業が拡大路線を取ること、多角的に規模を増やしていくことだけが、正解ではないと私は考えています。むしろ笹山先生のように地域密着で、特別養護老人ホームをはじめとする施設を展開されていることは強みです。

私の場合は、福祉施設に「医療」を付随させることを強みにしたいと考えています。２０２４年春に新たに特養内に「在宅支援診療所」を開設しますが、特養が診療所を開設することはハードルが高いのも確かです。

介護保険と医療保険を比較すれば、政治的な意味で、医療の強さは歴然としています。そのような中で、私達は受け身になりがちです。ただ、医療だけで、この高齢社会を支えられるかというと、そうではない。そこには、生活の受け手としての施設の役割が重要となってきます。それでも、その関係は医療主導型になっているように感じます。

医療から福祉への参入はイメージしやすいですが、福祉から医療への参入はなかなかハードルが高いように感じます。訪問看護などは、割合取り組みやすいサービスかもしれません。訪看の単独事業所よりも、施設を持っている法人が、訪看を行うメリットは大きいです。例えば、在宅から施設への移行がスムーズだったり、福祉系のスタッフも医療知識を身に付けやすいチームアプローチが可能になるなどです。ただ、医療のハードルは高い。私自身は、それを打破するためにも、自ら「医療をもつこと」それによって、より対等な関係性の中で、福祉の質を高めることをイノベーションの土台として考えています。それぞれの取り組みが規制改革に繋がります。規制改革の今がチャンスなので皆さん頑張って下さい。以上です。

森脇：山本さん、岸本さんありがとうございました。

四　お客様からも職員からも選ばれる職場

社会福祉法人ささゆり会　植田　智

社会福祉法人ささゆり会特別養護老人ホームサンライフ西庄の植田智と申します。私はこのような場でお話をさせていただく立場ではないのですが、せっかくこのような機会を与えて頂きましたので僭越ながらお話をさせて頂きます。

最初に、経営と介護は繋がっている、お客様からも職員からも選ばれる施設ということについてお話をさせていただきます。

皆様がお話しをされていましたけど、今はまず、コロナウイルスです。デイサービスが一番被害を受けていると思うのですが、何が怖いかというと高齢者の方は重症化し亡くなってしまうことが一番の問題だと思っています。コロナ禍の今、国の方では、全数把握の見直し、外国人受け入れの拡大で、コロナの無症状者が多数おられる状態でしょう。このような中で、介護の方もウィズコロナという状況になっていくでしょう。

皆さんは、ＢＣＰの作成やワクチン接種の推奨ということで進めておられると思いますが、今後、施設の中にもどんどんコロナウイルスが入ってくる状況になろうかと考えております。私は特別養護老人ホームに勤務していますが、、特別養護老人ホームの方で何が困るかというとコロナに感染しても、病院で診てくれないということです。

そうなってきた場合に、抗ウイルス薬のラゲブリオが有効です。薬局の方で出せるようになりました。

このラゲブリオは発症してから5日以内に飲まないと効果がないと言われていますので、すぐに処方してもらえる体制というのを、今のうちから確立するということが、大切になると考えています。

介護業界における背景・課題 ― 施設の目的は ―

次に介護業界における背景・課題ですが、次期改定がマイナス改定になるだろうと言われています。今の状況、物価上昇もある中で、職員の賃金アップをしっかりとしていかなければいけません。やはり、基本報酬でしっかりと上げてもらわなければいけないと考えています。

厚生労働省は加算だけを上げて、その後、基本報酬を下げるというようなことがありますが、加算自体の算定が困難で、書類の作成がすごく多いので、もっとシンプルに生産性の向上に繋げていかないといけないと思うのです。

マイナス改定については、介護を担う方々も注視していかなければと思っています。先ほど、ささゆり会の法人本部長からもお話しがありましたように、介護を担う人達は全国にたくさんおられますが、医師会のような力がない。やっぱりわれわれが一丸となって国に訴えていく、そういう組織をつくっていかないとと感じています。

組織の目的は何かと、施設でよく問うのですが、良いサービスを提供することと多くの方が言われます。では、皆さんお金のことはどう考えるのですか、と聞くと結構止まってしまいます。

会社の目的について松下幸之助はこう言っておられます。「利益は社会的使命がどの程度まで実現されているかを測るバロメータと考える時、会社の目的としては、この会社は、社会のために無くては困ると多くの人に思ってもらえる存在になること、これが会社の目的だ」と言われています。

認められるから、単価も上がったりするのですね。この施設が良いと思うから、お金も貯まってくるというように考えると、私たちは選ばれるサービスというものを提供していく必要があります。

しかし、介護報酬は決まっているので、施設の人・時間・資金を考えて効果的にサービスを提供していかなければなりません。その中で、そのサービスが本当に利用者を増やすことができるのか、利益を生むことができるのかということも考えて、新しいサービスを考えないといけません。介護というのは新製品が世界的に売れるようなものではないのです。真摯に地道にコツコツというのが前提になってくると思います。

あのピーター・ドラッカーは言っています。「利益とは、企業が事業を継続・発展させていくための条件、明日さらに優れた事業を行うためのコスト、それが利益である。利益がなければコストを賄うことも、リスクに備えることもできない。利益がなかったら、社会が必要とする財、サービスを提供できず、人を雇用することもできない」と言っています。

車で例えますとガソリンですね。ガソリンがなければ車は走りません。だから会社もお金がなかったら動かないのです。皆さんも会社から、ただで働いてもらえますかと言われても誰も働かないでしょう。そのためにも、お金を確保することも社会的責任だとピーター・ドラッカーは言っているのです。

老人福祉・介護事業の倒産件数が、本年は過去最高ではないかと言われています。多分120件くらい出てくると思われます。また、倒産した以外に休廃業を含めると500件を超えてくるでしょう。

現在、特別養護老人ホームは全国で赤字が6割です。6割の施設の赤字は心配です。自分たちの施設もそうだったら困まってしまいますね。そうならないための対策が必要になります。まずは、目標をもって仕事をしていかないといけないと思います。目標を持たないとサービスは良くなりません。

目標のないサービスは、職員の自己満足なサービスになり、利用者本位のサービスになりません。そうなると、競争力も付かず、魅力もないサービスになります。魅力がなくなってしまったら、そこに人（利用者・従業員）は来ません。

私たちの仕事において、サービスの目標というのは皆さんしっかりと作られていると思うのですが、収支関係などについての目標を作られている方は少ないのではないかと感じています。

例えば、収益目標の具体的な対策をつくられていますか？ 必要だと感じておられる統計はとっておられますか？ 収益のＰＤＣＡを回していますか。例えばデイサービスは、何月に新規利用者が多く、何月に利用者が少なくなるのか考えた場合、大体の統計が出てきます。そうなった場合に、事業所としてどのような計画を立てて実行していくか。私どものデイサービスで、利用開始して一か月以内に利用を中止する人が1年で20人いたとすると、この20人が残っておられたらすごく活発なデイサービスになっていたかもしれませんが、辞めてしまわれた新規の人に何らかの不満が生じていたのではないか。そのような場合、その原因を突き止め、その事象を解決するサービス改善を考え実行していかなければなりません。

特別養護老人ホームでは、先ほどもお話しにもありましたけど、待機者はなかなかいない状況です。今の状況で1年間に何人の人が退所されていますか？　新規入所までに何日かかっていますか？　例えば、1年で10人退所があった場合、すぐに入所できる人を10人以上確保しておかないといけません。また、入所までに15日かかっている場合は、これを10日にできないか、こういうことをしっかり考えておく必要があると考えています。

みかり会の谷村さんも言っておられましたが、福祉の人の目標が抽象的なので、具体的な対策を立てて実行していくことが一番大切ではないかと思います。現場でも考えていく必要があります。お金のことも含めて、現場の時間意識、コスト意識が乏しいです。だから、万年人手不足です。私たちの施設でも人が少ないと職員を採用し、出勤者が1人増える体制をとりました。つまり、1日職員が1人増えることになります。では、これによってサービスに何か変化があったかと言ったら、ほとんど変わりませんでした。こういうことが起こる原因というのは、現場で気づいていなかったり、考えていなかったり、諦めていることが多いからではないかと思います。

これを改善するためには、基準が必要です。まず、業務品質の基準です。これはサービスをどうするかという基準です。次は時間と業務量の基準です。今はこの時間で、この量で、この質のサービスをしますという目標がありません。もう一つは、コスト意識です。そういうものを現場でもっともっと持っていかないといけないのではないかと考えております。

次は介護業界における背景・課題です。

職員の能力差も大きな課題です。これは、職員間の不満やチームワーク不全にも繋がり統一したケアに繋げることはできません。

例えば、業務のバラつきでいえば、入浴管理です。私たちの施設では、入浴介助を1人25分くらいで介助する人もいれば、1時間かかっている人もいたのです。私がこのばらつきを直すため、チェックをしますと伝えると、1時間かけて入浴介助をしていた人が、いきなり40分になりました。こういう20分が他の人に不満を与えてしまうのです。また、ばらつきの中身の質を調べたら、25分の人は浴槽に5分浸かる時間がありましたが、40分の人は浴槽に1~2分しか入れていない状況でした。皆さんがどちらの入浴を希望されるかを考えれば、ばらつきをなくし質を統一していく必要があると考えています。

次に、業務は新陳代謝しなければいけないという話です。業務は肥大化していきます。会社の成長とともに業務は増え続けます。その中で、常に不要な業務、付加価値の低い業務もしっかり洗い直して、常に代謝を進めないといけません。現場の担当者は、自分のやり方で業務をしたいと考えます。なので、業務は標準化を進めないといけません。業務は進化し、今やっているサービスが一番良いと思っても、明日、明後日にはそれが一番良い方向かどうかは分かりません。日進月歩の技術革新もありますし、業務の状態も変わってきます。常に新しいことに挑戦するような姿勢を持っておかないといけません。

だからこそ、一度、自分たちの業務の中身を考え、見直してみるとたくさんのことが出てくると思っています。今後の展開としては、①安全で職員にも魅力のあるサービス（従業員満足度）②利用者様に求められるサービスの提供（利用者の満足度）③収益を確保し、より合理的・効果的・効率的サービスの実施（社会的責任）これらを同時に考えてサービスを行うことが必要になってくると感じています。

生きている会社、死んでいる会社 ―遠藤功先生の話―

これは、私たち法人の笹山周作理事長から紹介された遠藤功著『生きている会社、死んでいる会社』という本で、会社は生き物、老朽化するという考え方の本です。

例えば、自分たちのサービスが今一番上のほうにいると思っても、サービスは下りのエスカレーターと同じで何もしなければ一番下に落ちてしまいます。だからこそ、改善を進めていかなければいけません。安住という老廃物が会社に溜まっていきます。現状を維持できていればいい、誰かがしてくれる、あえてリスクに挑戦しなくても何とかなるさ、こういう人達が老廃物を溜めていくことになります。トヨタの社長も「テスラのチャレンジ精神を学びたい、トヨタも数十年前はベンチャーだった」と言っています。

会社というものを、経済体・共同体・生命体の3つを含めて、生き物としてみていきましょうという考え方なのですが、経済体というのは、ヒト・モノ・カネをインプットし付加価値を生み出すものですが、これは会社の表の顔であり、会社の経済的パフォーマンスの良し悪しはここに現れます。経済体としてのパフォーマンスを最大化するためには、共同体としての質と能力を高めないといけない、仲良しグループではいけない。ワールドカップで日本のサッカーは負けてしまいましたけど、同じ目標をもってみんなで頑張れる、そういう組織をつくらないといけない。多分、日本人の多くはそうした力を持っていると思いますし、一般的に言われている現場力とは共同体から生まれる競争力のことです。共同体が常に想像力を加速させて競争力を高め挑戦し、新しいサービスに繋げていくということが大切になってきます。

また、その中で会社を老化させないためにも、木でいえば根っこを元気にしなければいけません。会社に置き換えれば一つひとつの根っこは「人」のことです。会社が生き物と考える場合に生命体の部分になります。根っこである生命体の職員、社員が活性化し、それぞれの仕事に熱意をもって取り組むことによって、生き物である会社は強くなります。元気な根っこというのは貪欲に学びますし、いろいろなことを吸収します。そのような人が集まってくると会社は元気になってきます。一方元気のない社員は吸収する力が弱いので、さらに痩せ細っていきます。

精神科医の和田先生が言われています。会社が老化するのは、老廃物が溜まり贅肉がつくと同時に、そこに働く人達の感情が徐々に老化してしまうからです。さらに感情の老化の怖いところは伝染してしまうことです。

意欲や好奇心に乏しい人が一人いるだけで、それが他の人たちにも伝染し、いつの間にか組織全体の感情を老化させてしまいます。人財を育てるということは、指導する者はその人が成長できるように愛情を持った指導をしていかなければいけないし、指導される者は、自分が成長するように意識・行動していかなければならないということです。

また、人材には5つの人材があると言われています。①（人在）新入社員などとりあえず、仕事の仕方も分からず居る存在。②（人財）改善意欲・やる気があり、技術・知識・能力が高い人材。③（人材）まだまだ知識・技術・能力は少ないが改善意欲・やる気がある人材。④（人済）技術・知識・能力が低く、意欲もなくできないとばかり言う人材。⑤（人罪）知識・技術・能力は高いが、意欲がなくできないとばかり言う人材。④の人済の人は会社の中で敬遠され、会社を辞めていく人が多いですが、特に⑤の人罪の人は腐ったリンゴ状態で、先ほど述べた老化を助長する人です。影響力はあるが会社の老化を進めてしまう人ですので、新入社員（人在）から（人材）そして（人財）に育てていけるよう会社は努力していく必要があるのでしょう。

例えば、マズローの欲求5段階説では、生理的欲求があって安全欲求があって、社会的欲求、承認欲求があって、自己実現欲求に至ります。皆さんご承知の通りです。この中の社会的欲求の帰属欲求、もう一つが尊厳欲求、会社で認められたい、認められているという承認欲求を、会社は意識してやっていかないといけないと思っています。

お客さまからも社員からも選ばれる会社へ

褒めることが良いという話も多いですが、私はすべてがすべて、そうだと思っておりません。注意すべきは注意して、良い所は良いで褒めてあげて、悪い所はちゃんと見て、注意してあげるということが本当の承認欲求になるのではないかと思っています。

注意するのが怖いから注意しない人や、相手の立場を考えずはっきりと言う人がいると、多分組織というのは良くなってこないのです。だからこそ、先ほども話した通り、人財を育てるということは、指導する者はその人が成長できるように愛情を持った指導をしていかなければいけないし、指導される者は、自分が成長するように意識・行動していかなければならないということです。

そして、先ほど伝えた目標を持ち、考える人が繋がった組織・チームを育て、新しい挑戦へ向け実践する力を持った強い会社の仕組み・風土を作り、絶え間なく創造と代謝をくり返していくことが、お客様からも社員からも選ばれる会社になるのではないかと思います。

ご清聴ありがとうございました。

森脇：植田さんありがとうございました。私達が持続可能な形でやっていくためには、当然のことながら利益を出していかねばなりません。先程からの話に出ていましたように、介護報酬は下がることはあっても上がることはなかなか難しく、効率化を図ろうとしても制度の壁に阻まれてしまいます。自身の施設の方でも乗り越えておられるような具体的なお話の中で、具体的な目標を設定して実績を管理してサービスを評価しながら、それを標準化していく。その工程にあるのは人材の育成で、その部分がソフトとしてとても大切というお話を伺いました。

それでは、コメンテーターの方々からご意見を伺って参ります。

岸本：こんな番頭さんがいたらいいなと思って笹山理事長のことを羨ましく思っています。企業が継続していくためには利益が必要で、それは松下幸之助、ピーター・ドラッカーもこのことが徹底されています。こういう番頭さんがおられるということは、これからもどんどん発展すると思います。

いらない人までスポットを当てたり、この人が入ると怖いよと職員に思わせてしまう企業はだんだんと老化するんですよ。どんどん吸収し勉強し、どんどん高まっていこうという人と、技術経験があってもやる気がない、やる気のなさをどんどんアピールする人がいるという現場の苦労もお聞きしながら非常にいい講演だったなと思います。植田君が非常に大きく成長しているのに驚愕しました。

山本：岸本さんも言われたように、こういう人材を育成されている笹山理事長はすごいなと思います。内部で様々な改善をやっておられることは素晴らしいと思います。

報酬の加算の話が出ましたけど、介護職員給与は、全産業平均から考えると7～9万円くらい安いと言われています。新聞報道などもそんな話を伝えています。

私も障害者の施設で5年間やっていましたが、同様の加算のことでずいぶん苦労しました。今、厚労省は基本報酬を上げずに加算をたくさんかけて、それで経営を回すというような形を取っています。その意味で施設の事務負担はすごいですね。報酬の取り扱いに関しては、国の仕組自体が、その辺のところを考え直してもらえないかと思ったりします。今の制度では事務負担が増えてくるし、加算で報酬を引き上げる複雑なものではなく、基本報酬は公定価格で引き上げていく、国のほうがそういう立場になってもらわないといけません。

調べてみると、介護報酬の改定は3年毎7回行われています。平成15、18年度でマイナス2・4％改定、平成21年度はプラス、平成24年度は1・2％増えました。ところが平成27年は2・7％下がっていて、平成30年度を経て、令和3年度、コロナのこともあって0・7％くらい上がっていますが、次回は皆さんが言われる通り多分下がると思います。ただ、なんで下がるのかということを考えないといけないと思います。

私は、亡くなった安倍さんのことを悪く言うわけではないですが、アベノミクスというのがどのくらい大変なことをしてきたかということをもっと皆さんが知るべきだと思います。小泉さんあたりから始まってきた新自由主義という考え方があります。この考え方が今の社会福祉にどのくらい影響を及ぼしたかということです。レーガンやサッチャーも新自由主義の考え方です。自己責任が主張されるという考え方です。、私が若い頃は、自分の健康は自分で守れということが当たり前みたいに言われていました。このこともある意味新自由主義的な考えです。一人暮らしで病気になったら誰が世話をしてくれるのかと。病気になったのは自分が悪いのだから、本人の責任で対応しないといけないなどと言われていました。

その辺のところは、ここのＮＰＯの顧問である塚口伍喜夫先生が、著書の中で、新自由主義が社会福祉に及ぼした影響ということでいろいろと書かれていますし、私も『社協転生』の中でそういう自己責任が強いことも書いています。

植田さんも言われたように、介護現場でも業務の新陳対謝策は大事な話になっているようですが、特に新しいことを考えると環境、外務をどういうふうに職員に知らせるかが重要になってくると思います。

職員の皆さんと一緒になって、そういうことを勉強していく、共有していくということが大事ということを言われましたが、私も同感です。

そして入浴時間を計測する話を含めて、非常に細かいところまで気を配って、いろいろな形で業務改善をされていることについては非常にすばらしいことです。以上です。

森脇：岸本さん、山本さんありがとうございました。

五　新しい時代に向けた介護福祉事業への展望

社会福祉法人千種会　森脇恵美

改めまして、社会福祉法人千種会の森脇恵美です。先ほどまでの諸先生方のお話のようなちゃんとした話というより、私自身が介護の世界、社会福祉の世界に携わってきた中で日常的に感じたこと、考えたことなどをお話ししてみたいと思いますのでよろしくお願いいたします。

私が千種会に入職して今年で31年になりますが、ほぼ千種会ができた時と同じ時期に仕事をスタートしております。私の簡単な経歴ですが、京都の華頂短期大学、今は京都華頂大学になっているのですが、そこで児童福祉の勉強をしてきました。児童福祉施設で働きたくて社会福祉の勉強を始めたのがきっかけでした。たまたま短大2回生の時に、地元の先輩から千種町に新しい老人ホームができるから一度見学に来てみないかと誘われ、ちくさの郷に行きまして、それが縁となってこちらに座られていますCEOの岸本ともその時が出会いとなりました。

最初何もわからないこの世界に入ってきた時に、私自身が最初に感じた印象は、正直ものすごく良い仕事と思う反面、一般的な社会と少し隔離されたような場所にあるという感覚でした。一般企業に就職した友達と話をしている中で、私自身が社会人として潰しがきかなくなるようなおぼろげな不安を感じたことも確かでした。そんな中でいくつか私の転機となったことがあります。

その一つが、そちらに座られています岸本CEOの言葉です。ある時、どんな会話の流れだったのか忘れたのですが、岸本CEOが「同じコーヒを飲むのだったら、例えば場末の喫茶店で300円で飲むのも、ホテルのラウンジに行って1000円払って飲むのもコーヒとしては一緒だけど、そこで受け取る価値っていうのが違うのだ」というようなニュアンスのことをおっしゃいました。私にとっては結構目から鱗という、そうという考え方もあるのかという印象を受けたんですね。今も千種会の根底にある考え方は、そこからずっと変わっていないと思っています。自分たちがいる世界だけではなくもっと広い世界を知って、もっと広い視野から物事を見ないといけないかもしれないということを感じたのは、この言葉がきっかけでした。

次は、介護保険のスタートですね。それまで、特別養護老人ホームは措置費で賄われていましたので、介護保険になった途端に、あなた達今日からは経営責任が必要ですよというふうに言われ始めました。当時は財務諸表も読めませんし、どうやっていったらいいんだろうと悩みました。その時に、私もある程度責任のある仕事を任されていた関係で、プレッシャーに押しつぶされそうな日々が続きました。経営のアドバイスをお願いできる方が必要ではないかというようなことをお願いしたのもこの時期です。私自身もそういうことを勉強しなくてはいけないということで、休みを利用してセミナーなどに参加しながら知識を身につけようとしていました。ある時、間違えて企業の部長さんクラスが参加されるような研修会に参加してしまい、そこでグループディスカッションが突然始まりまして大恥をかくというような経験をしながら、広い視野をもった経営感覚が必要だと強く感じました。

そんな中でも、まだまだ私自身、仕事の基本となっている介護への本質的な向き合い方は明確ではありませんでした。これに関する転機となったのは、今日、こちらにはいらっしゃっていませんが、塚口先生、松本先生との出会いでした。九州保健福祉大学でその当時教鞭を取っておられ、就職先として学生さんを紹介していただくという流れで、私達は初めて先生方とお会いしました。その時に先生方がおっしゃっていた言葉が、私の中でとても印象に残りました。それは、「他の職種と理論を戦わせられる介護福祉士を育てたい」という言葉です。当り前のことなんですけども、「そうか、介護福祉士というのはプロフェッショナルなんだ」と改めて感じました。これが、介護という仕事に向き合った最初のきっかけになったような気がします。

私自身は、介護のプロでもなければ経営のプロでもありません。そんな私が「この千種会というステージを通じて何ができるのか」を自問自答する中で「私自身がこの仕事を通じて未来に何を残していけるのか」という問いに繋がっていると感じるようになりました。「自分」がこの社会にどのように影響していくのか。私を構成する要素、自分の中心になっているもの、すなわち自分自身がどんな風に生きていきたいか、どんな人間に成長したいか、まずは、そこに「こうありたい自分」があります。その上で、私が存在する社会はどうあってほしいか、次の世代に自分が何を残すのかということに繋がるような気がします。ですので、それぞれの企業がどういうことを目指しているかということと、その中で自分自身は何ができるのかということは切り離せません。

「ワークライフバランス」と言いますが、私はむしろ「ワークインライフ」の方がしっくりきますし、プライベートと仕事を分離して考えるよりも仕事は人生の一部というふうに感じています。そうなってくると企業の中や、それを取り囲む社会で起きていることというのは、私達の人生にとって切っても切り離せないことになります。私達のいるこの日本、そして世界の流れも、私たちに決して無関係ではありません。自分というものを中心に、所属する企業、所属する業界、社会、そして日本や世界が順に円を描くように、関連しながら動いているので、それらは無関係ではないのです。

この前提がなければ自分たちがこの先何をしていったらいいのかとか、どういうことに取り組んでいけばいいのかとか、そういうことがわからなくなるのではないかと思います。特に昨今では、コロナや戦争など予期しないリスクが起きていますので、そういう中での自分達の立ち位置を考えていくことが重要だと思います。

私たちが置かれている社会において、社会保障関係費の財源も気になる課題の一つです。社会保障関係費は国の予算の中で約35％くらいを占めています。その財源の一部は国債であり、つまり国の借金によって賄われています。これを誰が払っていくかというと私達の次の世代の人達、未来の子ども達にそのツケが回ります。また、歳出の中で社会保障費が35％近くを占めているのに対して、教育であるとか、研究開発であるとか、そういったものにかける予算というのは、わずか5％しかありません。本当にこれで良いのか気になります。この未来へのツケを増やさない努力は、私たち自身の課題でもあると感じています。

私たちの仕事の中でも、先ほどからの話にも出ていますように、介護報酬が上がっていく未来というのはなかなか望めません。望むことが難しいのであれば、やはりある程度の自己負担をお願いするという流れも必要になってくると思われます。ただ、消費者として考えた時に、何も変わらない、もしくはサービスが落ちたのに料金だけが高くなったというのでは絶対に不満足の要素になると思います。そのため、お客様のサービスの満足度がより重要になってきます。満足度を上げていくためには、私は、何よりも私たち自身が専門職としてのスキルを磨くことが大切だと感じます。加えて、プラスアルファの付加価値を高めることも重要です。例えば、千種会であれば、妥協のない清潔感とか、ホスピタリティとか、そういったものを高めていくことも重要だと思っています。

専門職としてのスキルについてですが、医療と介護を、「臨床」「教育」「研究」という視点で見比べた時に、「教育」「研究」に関してはかなり遅れていると言わざるを得ません。医療における教育にはかなりの歴史があり、きちんとした体制が成り立っています。さらに、研究にいたっては、介護に関しては未開発ではないかというふうに私自身は認識しています。

ただその中でも介護福祉士の強みはあります。今まで長く一緒に仕事をしてきた介護のプロの人達から日々感じていること、それは生活という広い視野から物事を捉えられることです。また私が最も凄さを感じるところですが、ものすごい小さな目盛りで、その変化を見取っていくその観察力の鋭さがあります。さらに、人の人生に寄り添う中で人生への深い洞察力も感じます。介護福祉士の人達が自分たちで感じている以上に、おそらくプロとしての技術、スキルとして高いものを、皆さん持っていらっしゃると私自身は思います。

もう一つ大切なことは、介護職がプロとして自分たちが小さい目盛りで見ている日々の変化について、他の職種に対してアウトプットするということです。他の専門職とチームアプローチを進めていく中で、それぞれが自らの専門性を持ってアプローチするためには、介護福祉士の細やかな観察データが重要になります。

介護福祉士は受け取ったデータを他の職種に対してアウトプットする、それこそが専門家として他の職種と理論を戦わせるということに繋がるのではないでしょうか。アウトプットしようと思えば、当然インプットも大切です。このインプットの中には、専門以外のスキルも含まれます。例えばマナー。いろいろな職種の人、いろいろな業種の人と対峙していく中で相手を敬って対等な関係を築いていく上では当然必要なスキルです。また、自分自身の感性を磨いていくことも大切です。なぜなら介護は感じ取れる力が大切な仕事だからです。そして、同業者、異業種問わず、日頃から切磋琢磨できる仲間がいることもとても重要であると考えています。

そういうことを続けて自分自身の核になる考え方を作ることで、これが結果的に将来自分を支えていきます。そして一人ひとりが、それをすることによって業界全体のレベルが上がっていくのではないでしょうか。

「社会を変えるのは政治だけではない、誰かの意味のある行動が大河の一滴のように広がっていく、それが時代を作ってきた」。これは、千種会で初めてシンポジウムを開催した時に、元九州保健福祉大学の松本先生に講演をしていただきまして、その講演の中で先生が話された言葉です。世の中を変えていくのは、政治よりもむしろ、社会に密着した人々の日々の活動である。まずは自分たちがどう考えるか、どういう行動をするか、それが小さな流れとなって波紋のように広がって、そして、自分たちを取り囲む時代や世の中を変化させていくんだというふうに、私自身は受け取りました。だからこそ、自分の今日の歩みというものがとても大切ではないかと考えています。

非常に簡単なんですけども、以上で私の発表を終わらせていただきます。ご清聴ありがとうございました。

笹山博司コーディネーター：それではコメンテーターの方々にコメントをいただきたいと思います。

山本：森脇さんの発表をお聞きして、森脇さんの哲学を垣間見た感じです。非常に素晴らしかったです。

森脇さんのお話の中で、他の専門職と議論を戦わせるという話がありましたけど、本当に介護専門職がそうなっているかどうか。また、社会福祉法人の仕事に携わる皆さんもいろいろな形でそういうことができるだろうと思いますが、なかなかそこまでは成長しきれていないのかな？　という説明だったと思います。

人生の中での自分の仕事、その仕事の中で自分の人生を変えていく、そういう意味合いのことを含めて、森脇さんの哲学に感嘆しました。さらなる飛躍を期待します。

どうぞ、頑張って下さい。

岸本：意見を戦わせることができる介護福祉士がどうやったらできるのかじゃなくって、そういう環境にならなければダメです。例えば、医療職と介護職を例にとっても介護職から医師に対して、直接コミュニケーションを取ることに、心理的なハードルがあるように感じます。ただ、訪問看護のように在宅生活を支えることも大切ですが、「施設」という砦を持って、介護職が一人のプロとして、医療職たちと議論を交わすことができれば在宅サービスと施設サービス、それぞれの壁も突破できる。そこに、「まだ見たこともない景色」が広がっていると思います。皆さんの可能性に期待します。

社会福祉法人の特養やデイサービスセンターがいいかどうか分かりませんけど、基地をちゃんと使って訪問看護とか医療とか、そういうことを少しずつ5年もやれば形になるんですよ。だから看護師やメディカルの専門職達と意見を戦わせることができるような人に、是非、皆さんになっていただきたいとこのように思います。以上です。

六　施設が地域福祉活動に参加し、ソーシャルワーク時代への展望

社会福祉法人みかり会　谷村界飛

社会福祉法人みかり会理事長補佐兼多夢の森デイサービスセンター管理者の谷村と申します。本日はどうぞよろしくお願いいします。

まず初めに、簡単にみかり会の自己紹介から始めさせて頂きます。法人本部は南あわじ市にございます。保育事業から始まり、現在は南あわじ、神戸、西ノ宮の3市にわたって、保育、介護、障害の福祉事業をさせて頂いております。本日は、今後の社会福祉法人の動向について、お話しをさせて頂きます。どうぞよろしくお願いいします。

それでは本題に入らせて頂きます。１つ目の外部環境分析といたしまして、今後の報酬の行方からお話しさせて頂きます。１・５人の現役世代が１人の高齢者を支えると言われる２０４０年問題、我々に課せられることは大きく2つあります。１つ目は社会保障費の抑制、２つ目は、生産性の向上といわれています。給付の負担の見直しと、全世代、全対象型の社会保障への転換が迫られているということ、そして併せて生産性の向上をやっていかなければならないということです。

また、基本的には報酬が今後上がる要素がないという認識を頭に置いてやっていかなければならないと考えております。現状は、保育は積み上げ方式、介護、障害は包括方式として基本報酬が計算されております。事業費、事務費、人件費と合わせて、行政の都合で付くもの、今でいうとコロナの補助金等です。そして政治の都合で付く処遇改善等で報酬が成り立っています。保育の場合は人事院勧告に沿って、上がったり下がったりしますが、事務費、事業費は極端に変化することがないというのが、積み上げ方式の特徴です。それに対して、介護、障害の包括方式は経営実態調査の結果ありきになっており、個人的にはここに少し課題があると感じております。少しありえない例でございますが、例えば、世の中の企業が３％の利益しか上がっていないのに、特別養護老人ホームが５％利益が上がった場合、それは２％多いので、そこから外すという考えから基本報酬の議論が始まっています。それぞれの指揮者の皆様が分科会等で詳細に検討されていることが基本的に無駄になっている現実があります。

今まで介護保険は２０００年から２、３年ほどは少し上昇しましたが、そこからは上がったことがないのが実態です。今後、報酬は４つの方向に向かうと考えています。１つ目は基準の緩和です。上限が決まっていますので、今後は緩和しかないと考えております。２つ目は加算、減算です。もともとはすべて加算から始めるのですが、半分ほどの施設が実施をすると、それを標準に変えます。今度は実施していない所が減算になるという流れです。加算の時と減算の時を比べると、結果的に元手が減っているという現実があるということです。３つ目はエビデンスです。科学的根拠に基づいた成果を求められるということ、逆に成果が無ければこれからは予算の獲得もできない状況になると考えております。ストラクチャー（加配）や訓練等で加算をしてもらうプロセスでは、結果的に利用者の状態を改善しようというインセンティブが働かないということになり、今後は成果を求める仕組みに変わろうとしております。そして４つ目はテクノロジーの活用です。１つ目、２つ目はどうしようもない部分ですが、３つ目、４つ目に関してはやっていかないと今後、報酬は得られないということですので、積極的に組織内で進めるべきことと感じております。

話を戻しますが、基本的に報酬が上がる要素はないということで、令和3年度の社会福祉法人の収支差率は2・8％、そして赤字法人の割合が33％もあるという現状は、我々の存在意義そのもの自体が、中央の皆様方に理解を得ていないという危機感も感じております。では存在意義を示すにはどうしていくべきなのかを次に説明させて頂きます。

社会福祉法人の本旨を、私なりに整理させて頂きますと、1951年社会福祉法人が誕生した前後に、保育、介護、障害福祉が制度化され、補助金により経営の安定化が図られました。本来はしっかりとしたソーシャルワークの土台があって、その上でケアワークが成立するものと考えていますが、制度化されたことにより、ソーシャルワークに対して希薄になったと指摘されても否めない部分があると思います。ただ、言い訳になってはいけないのですが、つい最近に「社会福祉施設等の職員が行う地域活動の推進について」という通知が出されました。この内容は、ソーシャルワークをしている時は職員配置基準を問いませんというものです。それまでは、行政指導監査で厳しく細かい指導を受けて、制度上以外のことに取組みづらい現実があったのは確かだと思いますが、今の現状を我々の自覚の無さに責任転嫁してはならないと考えております。

結果的にソーシャルワークに対しての意識が希薄で、ケアワークだけであるならば、他の供給体も同じようにできるだろうということで、２０００年の社会福祉基礎構造改革が行われ、多様な供給体の参入や市場原理の導入に繋がり、競争をしなさいと言われたわけです。そこから、社会福祉法人でしかできない社会福祉とは何かという模索の時代が始まります。２０１６年に社会福祉法の改正がなされ、言い換えると社会福祉法人改革であったと考えます。社会福祉法第24条第２項が追加され、ソーシャルワーク、ケアワークを一体となって取り組むのが我々の本業であるということが改めて整理されたと考えております。それをすることが非課税の根拠であり、つまりは、フィッティング論への反論であると考えております。そして、ケアワークは国民に見えやすいですが、ソーシャルワークは見えにくいという特徴があります。今まで、見えにくいがために認知されていなかった現実がありますので、これからは慎ましくではなく、意識して見せていくことが大切だと感じています。

そしてケアワークの質の向上を図っていくためにも、その土台になるソーシャルワークをさらに充実させていかなければならないというのが大きな課題と感じております。また、ケアワークは利益を生みますが、ソーシャルワークは利益を生みません。ですので、しっかりとケアワークで経済的基盤を立てて、ソーシャルワーク活動に投入していくことが大事だと考えています。

次は、存在意義を示していくための、戦略的な広報活動の必要性について、お話をさせて頂きます。改めて、パブリックリレーションズが大切と感じております。我々の利害関係者である利用者や保護者、従業員やその家族、地域の自治会や各種団体等と相互に利益をもたらす関係性を構築する。すなわち、良い関係づくりをしていくことが結果として信頼や人材確保等にも繋がっていくと感じております。日本では、戦後にＰＲという言葉が導入されました。行政では広報と訳され、民間企業では単なる一方的な情報発信になってしまっていると考えます。みかり会では単なる宣伝ではなく、パブリックリレーションズの本来の意味である良い関係作りという点を改めて認識して事業計画にも入れております。

ステークホルダーを通して、法人の活動やサービスが社会に受け入れられているのか、どう改善すればより喜ばれるのか、逆に活動が社会に迷惑をかけていないか、絶えず社会を観察し、ステークホルダーの声に耳を傾ける。その結果、修正すべき所は直ぐに修正をする。これが広聴というＰＲ活動の第一歩と言われております。さらに、事業計画、報告、理念、サービス内容や地域の公益的な取り組みの実施状況を地域の方に発信をしていく。法人の考え方、活動の姿を社会に向けて様々な手段で見せる化をして理解を得ていくことが大切と考えております。

様々な手段という点では、例えば、地域での清掃作業等や日常の関わり、共同作業等も含んでいるということです。そのような活動を通じて見える化をやっていき、そのすべてがパブリック活動と捉えて、継続的な信頼関係の上に立った良い関係づくりが目標です。これを事業計画に位置付けて推進をしております。

パブリックリレーションズの実践という点では、みかり会ではステークホルダーとの良い関係作りを5W1Hで戦略的に考えております。そこで重要なのはステークホルダーごとに考えるということです。例えば、養成校の先生とのパブリックリレーションズでは、先生に法人内研修の講師になって頂いております。毎年、定期的にご指導を仰ぎ、その関係において、先生にもみかり会を理解して頂いております、結果としてゼミの生徒をご紹介頂く関係ができております。その他にも様々な効果があり、それによって魅力ある職場づくりができたり、人材確保や育成定着に繋がったり、地域からの信頼により事業の安定化が図られると考えております。コロナ禍では多くの風評被害があったという報告もありましたが、逆にもう一方で地域と上手くやっていたので、そのような被害は無かったという報告も多くあったと聴いております。大切なのは、絶対に壊れないではなく、致命的なトラブルに繋がらないようにするということです。危機管理の原則から言うと、無事に解決するか、複雑化するかの結果は事故発生時にすでに出ているというリスクマネジメントと同じように、何かあった時の保険になるのは、常日頃のお付き合いであるということであります。

ソーシャルワークを展開していくには、多職種や住民等が連携してチームでの支援に取り組むべきとよく言われているのですが、あまり具体的に計画されていないことも多くあります。よってソーシャルワークを推進していくためにも、繋がりを計画すること、それをＰＤＣＡで確認していくことが大事だと感じております。

また地域での活動をしていく上で、職員を育てていくことも並行して進めていかなければなりません。みかり会では人を育てるための３つの柱、加えて組織を活性化するための４つの柱として整理しています。個別では、リーダー自らが感性を研ぎ澄まし、器を大きくすること、責任を持たせ任せること、存在を認めることとしております。組織としては、１つは目標を設定すること、少し背伸びをしないと届かない目標にしております。２

つ目は情報を公開してプロセスを共有するということ、３つ目は参画意識を育てること、つまり任せるということです。４つ目は満足度を高める、つまりは認めるということも大事と考えております。そして何より任せる、認めるの仕組み作りには環境整備も必要です。みかり会ではコミュニケーションの定例化を大事にし、アウトプットの機会を増やしています。そのことによりインプットがより重要と感じてもらい、標準化、単純化、そして委員会等の専門化、これらを意識して仕組みを作っております。

個別の成長に関しては、時間のない中でやはり効果的なのは、ＯＪＴと考えております。みかり会でのＯＪＴの実践のポイントとしては、ＯＪＴを風土化し、当たり前にしようということです。日常の業務のあらゆる機会をＯＪＴとして位置づけて、効率的にできるように実践しております。ＰＤＣＡ要素を入れればＯＪＴ化ができますので、日常業務をそのサイクルに入れ込んで計画性を持って指導しており、これが効果的ではないかと考えております。

次にコロナから学んだ危機管理の部分です。改めて私が感じたのは、社会的な制裁のリスクの大きさです。民事責任や刑事責任は損害賠償や刑事罰、行政処分は営業停止等もちろん同じくリスクはありますが、社会的制裁に関してはリスクの程度が予想困難であり、責任の有無と必ずしも関係しないということです。行動規制が掛かっている社会の中で、警察署長の方が歓送迎会をしたことで結果的に懲戒処分になったり、官僚の方が同じように宴会をして処分になったりと、予想を超える結果になったことに恐怖を感じました。コロナを経験し、この社会的制裁のリスクが大きいということを改めて感じました。

そして、クライシスマネジメントの観点からも学んだことがあります。感染者や感染が発生した施設に対する誹謗中傷、関係者に対するいわれのない差別的な扱い、事実とは異なる情報（流言・デマ）が流されるなどの被害を総称して「風評被害」といいますが、2020年の時には大きな被害を受けた施設もたくさんありました。コロナで学んだことを、今後の有事に備えて改めて我々はしっかりと今からできることを確立しないといけないと思っております。新型コロナウイルスに限らず、有事の際には様々な対応が生じます。いざというときに慌てないために、平時からその対応フローや役割分担などをあらかじめ確認し、組織全体で共有し、準備しておくことが大切ということです。具体的には、事故等が発生した際にとるべき行動の正しいフローを確認し、理解しているか？　対外的、対内的な情報発信方針（方策）は決まっているか？　情報発信先（ステークホルダー）の洗い出しができているか？　情報発信における検討体制・実施体制（役割分担）はできているか？　施設利用者とその家族・取引先等への連絡担当者を決定しているか？　ステークホルダー別の伝達方法は確立されているか？　等を改めて整理しておくことが大切と感じました。

最後に行政に対してですが、我々に課せられている地域共生社会の実現には、包括的な体制が必要だということは言うまでもありません。今まで縦割りであった組織を横断的にすることが必須と感じております。例えば、市や社協であっても同じような仕事をしている地域担当者がそれぞれの組織で分かれていたり、また地域においても町づくり協議会やふれあい活動推進協議会など、同じような別の組織で分かれている現状があります。そういったことを一緒にしないと共生社会の実現は難しいと考えております。特に役所の皆様方は、縦割りの組織から横断的な組織になり得ておらず、そこがネックになっていることを自覚して頂きたいと感じています。それぞれの専門性により葛藤が生じる場合もあると思いますが、目的や目標・支援の方向性を共有し、お互いの専門性を認め、相互の分野・制度の間を横断的・越境的に連携し、ネットワークを構築することが大切です。そのためには、行政の皆様にも横断的に組織体制の構築についてもご検討頂きたいと考えております。以上で私の発表を終了させて頂きます。ご清聴ありがとうございました。

七　健全経営の源は経費節減と施設環境の改善

社会福祉法人ささゆり会　丸山絵理子

社会福祉法人ささゆり会　サンライフ魚崎事務長　丸山絵理子です。よろしくお願いします。サンライフ魚崎の現場のことを少しお話しさせていただきます。

社会福祉・介護福祉の現状の評価

サンライフ魚崎は神戸市東灘区にあり、特別養護老人ホーム・ショートステイ・デイサービス・グループホーム・介護型ケアハウス・居宅介護支援事業所・地域包括支援センターがあります。

本日の討論主題の一つ、社会福祉・介護福祉の現状をどう評価するかということですが、サンライフ魚崎ではそれぞれの部署に様々な課題があります。

まず、介護型ケアハウスです。介護型ケアハウスは、有料老人ホームと同じ特定施設入居者生活介護です。利用料は月額20万円以上になり、年金だけで利用できる方は少ないです。神戸市東灘区はマンションでの核家族世帯が多く、別世帯の親にそれだけの支援ができる家庭も限られており、入居申込は年々減っています。高額な利用料を払ってでも利用したいと選んでいただけるように、サービスの質を上げていくことが第一の課題です。

次に特別養護老人ホームです。ケアハウスと比べると入所申込はすごく多いですが、実際に入所判定会議にかけてみると、重複して申し込まれていたり、医療依存度の高い方だったりで、入所に繋がりにくいのが第二の課題です。

中でも、一番困っているのがデイサービスです。コロナ禍ということもあり、利用率がすごく下がっています。競争相手も多く、ＳＮＳの普及などで各施設の情報も簡単に調べられるようになり、「夕方までお預かりします」だけでは、到底選んでもらえなくなり、本当に苦戦しています。

サンライフ魚崎デイサービスのウリは何か、何をすれば喜んでいただけるのか、一年以上前から管理者、施設長、本部長代理と私とで、月に2~3回会議を繰り返してきました。出た案はとりあえずやってみようということで、まず食事を見直しました。直営厨房の強みを活かして、食事を豪華にしました。毎月うなぎの日、お寿司の日を作り、特養とは別の献立にしました。また、おやつも見直しました。毎月２つの県の銘菓を取り寄せて全国を巡っていく「全国ご当地銘菓で日本一周」を兵庫県から西へスタートし、今月で九州まで到達しました。利用者様には珍しいお菓子を楽しんでいただいていますがそれでもまだ利用者様は増えません。

次に、足・腰・頭が鍛えられる体操をやってみようと、ラジオ体操・リハビリ体操・脳トレを組み合わせた「サンライフ体操」を考えて実施しました。職員も毎日ＹｏｕＴｕｂｅ

などで研究し、改良を重ねました。それでもまだ増えません。

その他にも、ケアマネさんへの情報提供の仕方を見直したり、職員が事務仕事をしながらでも利用者様の近くにいられるようにフロアの配置を見直したり、人気の雑誌も取り揃えました。それでもやっぱり苦戦しています。今も改革案を検討中です。厳しい現状ですが、その案を一つひとつ丁寧に、利用者様に喜んでいただけるように続けていけば、いつかは繋がっていくはずだと思っています。

私たちの施設は特養が30床と小さいので、収入が少なく、いろいろなものを節約しながら運営しています。笹山理事長からは「魚崎はケチや」と言われています。いらないところの電気を切る・電球を抜く・空調は計算したタイマー設定・職員が使う水道を絞る・使える物は何回も自分たちで修理するなど、細かい節約を多く行っています。利用者様がいらっしゃるところはできないですが、事務所のクーラーは29℃設定です。暑いです。9月には物価上昇に伴い、職員に節約案を考えてもらいました。１００件以上のアイデアが集まりました。中には手袋を片手だけ使うなど、ちょっと笑ってしまうものやできないものもありますが、職員に節約意識が根付いてきています。

もちろん節約だけでは運営できませんから、空床を減らす、取れる加算は確実に取る、少ない人数でも業務が行えるような業務改善を徹底して行っていきたいです。職員は質の高い少数精鋭で、一人あたりの給料をたくさんもらうこと、豪華な装飾はなくても施設をきれいに保つこと、使えるＩＴや福祉機器で職員の負担を減らし余剰な人員を減らすこと、そういうところにしっかりお金を使って、安定した運営をしていきたいと思っています。

人材の確保と育成、確保の課題と育成の課題は

介護の専門学校や専門科がなくなり、介護職員を目指す方が少ない問題は、もう誰もがご存知のことと思います。サンライフ魚崎では、専門外の職員や、ＥＰＡや技能実習生の採用で、幸いにも今のところ本当に困っているということはありません。しかしながら、介護の基礎力がない方外国人の採用ということで独り立ちに時間がかかり、独り立ちをしても本来１人配置のところに２人配置をせざるを得ないことが増えてきました。特養では利用者様３人に対して１人の配置基準のところが１・９対１、ケアハウスでは２対１のところが１・５対１の配置になってしまっています。人件費が経営を圧迫しています。

よりよいサービスを提供し、選ばれる施設になるには、人材の育成と定着が大切だと考

えています。

まず、人材育成の問題がサンライフ魚崎の最大の課題です。そこで介護の技術は経験や勘による教え方ではなく、標準化し、誰が何をしても同じクオリティで利用者様の対応ができるチェックシートを作りました。これはだいぶ定着しつつありますが、介護技術は伝達できても、専門職としての仕事を理解することや、気づきを育てること、相手を思うホスピタリティを教えることは本当に難しいです。しかし、根気強く育成を続け、少数精鋭を実現したいと思います。

外国人職員の育成についてですが、サンライフ魚崎には、資格を取得して日本に長く住みたいとがんばっている外国人職員が多数います。実際に順調に介護福祉士を取得していま す。日本人職員も、仕事・勉強・生活全般において応援しています。その外国人職員もリーダーや役職者になれるよう育てていきたいと思っています。

次に人材の定着については、私は職員が長く仕事を続けるには、仕事にやりがいと誇りを持てることと、自分のライフプランが描けることが必要だと思っています。そのうちのライフプランが描けるということについては、やはり法人の力が必要です。ささゆり会には、育児支援・健康増進・定年退職後の資金など多くの福利厚生があります。最近では資産形成のために理事長から講義を受けるなど、今だけの一瞬のお金ではなく、自分自身の生涯設計プランも支援してもらえます。そして先ほどからべ述ています、少数精鋭で一人ひとりの所得を増やす。これが実現できれば、もっと魅力ある仕事になるのではないかと考えています。

コロナ禍への対応で学んだこと

利用者様にとっても、職員にとっても息苦しい毎日が続いています。利用者様にはご家族との面会を制限させていただき、施設内でも他者となるべく距離をとってもらうため、寂しい思いをさせてしまっています。職員もそれぞれの職種で今までしていなかった仕事がたくさん増え、プライベートの外出や外食も控えるようにお願いしました。毎日体温を記録し少しでもおかしいと感じたら、シフトを変更し長く休んでもらい、それをカバーする他の職員にも負荷をかけています。また、毎日館内放送で、感染状況や注意点を訴えてきました。

8月に介護型ケアハウスでコロナ感染症が発生してしまいました。私がすごいと感心しましたのは、収束までに12日間と短かかったことと、レッドゾーンで勤務する職員が1名しか感染しなかったことです。職員の感染に対する意識が上がってきて、普段の訓練での初動の大切さを痛感しました。

しかし、この3年間、利用者様はご家族になかなか会えない、外にも出られない期間が長く続き、人生の最後の時間の過ごし方がこれでいいのかと考えるようになりました。おびえて生活していくのではなく、共存していくことに順応していかなければなりません。

サンライフ魚崎では、よほどのことがない限り玄関で扉越しという制限はありますが、面会を止めないことにしました。演奏などのボランティアさんにも活動していただき、利用者様の楽しみ事を作り、車でのドライブや散歩で外に出る機会を作って外に出ていこうと決めました。職員も気を付けながらプライベートを楽しめるように行動の制限をなくしました。感染が発症したときの初動がきちんとできれば、対応できるとみんなで学んできたからです。

行政へ物申す

まず、県や市のローカルルールをやめてほしいです。例えば、主任ケアマネジャーについて、兵庫県は包括支援センターの4職種の実務期間は受験資格として認められませんが、他府県では認められているところがあります（令和6年度から認められるようになりました）。

指導監査については、担当者は勉強してきてほしいなと思います。法律の本を見ながらできているができていないか、あるかないかの冷たいチェックではなく、一緒にがんばってよい施設にしようという気持ちが分かるような監査にしてほしいと思います。施設側もびくびくするのではなく、もっとよくなるきっかけになる日だと思いたいです。

そして加算関係の複雑さです。利用者様にあてる時間のはずが、加算ごとにばらばらな要件のチェックと書類作成に追われます。それぞれの加算の趣旨は理解できるのですが、それがサービス向上に効果的か、ご家族が理解されているかは疑問に感じます。種類ごとに統合するなど、職員にもご家族にも利用者様にも分かりやすいような加算体制になることを望んでいます。

そして、介護職員の地位向上に繋がるための施策に取り組んでいただきたいです。

最後に、私たちの施設長は設立から22年間、特養・介護型ケアハウス・グループホーム全部署の利用者様の看取りを、夜中でも駆けつけて職員と一緒に清拭をしてお見送りをされてきました。いつも施設内を回って、花や野菜を育てながら職員や利用者様と話をされています。それを見ていますので、私もなるべく現場を見て、現場の味方であるように、勉強していきたいと思っています。ありがとうございました。

森脇：丸山さんありがとうございました。

節約上手と思う皆さんからの意見をいただいたらいいかなと思いました。逆に魚崎の良いところ、特徴など第三者から見てあったら教えていただけたらと思います。

職員の合意を引き出しながら経費を節約し経営の効率化を図っていく、なかなか難しい課題に取り組んでおられます。

それでは、この辺でコメンテーターの先生方から意見を伺って参ります。

岸本：金銭感覚というか、財政感覚のようなものが、業界的に希薄だと思います。笹山理事長からも確定拠出年金の話がありましたが、うちでの加入率は、わずか数パーセントです。ＮＩＳＡやｉＤｅＣｏでの運用の仕組みにも興味が薄く、将来の資産形成などあまり念頭にありません。

例えば、確定拠出年金において掛金には税金も社保料もかからず受け取る時にも非課税です。そのようなメリットを、あまりにも理解できていないと感じます。これらは、我々の方もしっかり伝えていかねばならないと思っています。

また、監査についてですが、大体、監査と言ったら書類が揃っているか、不要な費用が使われていないかしか見ません。書類の良し悪しでしか、現場を判断しないと感じる場合があります。私もよく会議費をチェックされました。

それにしても節約をよくやられてびっくりしました。うちも貸家でやっていた健康マージャンを取り入れた小規模なデイなどは全部閉めました。本山地区のグループホームも今、事業転換に向けて動いています。小規模な事業所は、経営がなかなか困難ですが、節約によって細やかな経営努力をされていると思います。

サンライフ魚崎が永遠にしっかりと経営していかれることを期待しています。ありがとうございました。私からは以上です。

山本：節約について職員の方から100件以上の提案があったようですが、どんな提案があったか教えてほしいと思いました。また、デイサービス経営に非常に苦労されているというお話ですが、確かにその通りだと思います。私の地域でもデイの経営、とくに利用者の確保には皆さん苦労されています。利用者から選ばれるデイサービスセンターになるためにはどうすればいいのか。関係者の皆さんは日々苦労されています。そして、利用者が相対的に減ってきている状況もあります。介護が必要になったら在宅で看られなくなっていることもその背景にありますよね。

行政へ物申すのところで、行政の監査の話が出ました。監査する人は、もっと勉強して来てほしいと言われたのも確かにそう思います。私もお話していますように障害者就労継続支援B型の施設経営を5年間やってきましたが、県の監査担当者がコロコロ代わるのです。昨年度に監査で見えた方が、翌年度には福祉の部署から農林関係の部署に異動になっておられてびっくりしたことがあります。県民局の健康福祉事務所の監査指導課に、障害者福祉制度に詳しい方がおられました。その方を頼りにしていたら、翌年の異動で本庁に異動になっておられ、後任の方はそういった制度に詳しい方ではなかったということもありました。確かにこちらも勉強不足で、わからないところを尋ねると回答がすぐに返ってこないということがあり、困ったことがたくさんありました。ですから丸山さんが発言されたことは、確かにおっしゃる通りで、そういうことは私も思います。

今、都市部でも介護施設経営で大変なことになってきているという話がありました。10年先、20年先の介護施設経営をどのようにしていくのかということをそれぞれの施設ごとに、経営計画をもっておられると思うのですが、修正もしながら、また見直しもされながら、今の状況下のなかで施設経営に関わられる皆さんにお考えいただくことが今とても大切なことだと思います。十分なコメントになりませんでしたが以上です。ありがとうございました。

八　介護人材対策と課題

―特定技能生等外国人の確保と外国人との共生―

社会福祉法人白鳥会　横田佳憲

森脇：次の発表者は横田佳憲さんです。

社会福祉法人白鳥会特別養護老人ホームあおやまから参りました横田佳憲と申します。どうぞよろしくお願いいたします。

発表の回を重ねるごとに私のハードルもかなり上がりまして、それと共に心拍数もかなり上がっています。私の用意させていただいた内容が演題のすべてを網羅できてはおりませんが、人材という部分で発表をさせていただければと思っています。

人材確保並びに育成をどうするか。確保上及び育成上の課題は何か

課題としてはいろいろあると思いますが、まずは2040年を視野に入れた高齢化への対応、それと人口減少に対応した全世代型の制度の構築、特に団塊の世代が後期高齢者となる中で、制度的な対応をどうしていくのかということを負担能力に応じ、すべての世代で増加する介護費を公平に支え合う仕組みをどういうふうにしていくのか、社会経済の変化に対応した介護の供給体制、先ほどもから話が出ていましたが、多角的な体制をしっかりと構築していかなければならないと課題を捉えています。

ほぼすべての要因と言いますか、原因というのは、出生数の減少という部分が挙げられるのではないかと考えています。

日本総研の資料では、2022年の出生数と婚姻数の見通しとして、令和3年は87万人であった出生数が、令和4年の出生数の予測では令和3年をさらに下回る77万人となっております。

日本の少子化というのは、夫婦当たりの子供の数が減少していることが原因というふうに捉えられがちですが、そもそも夫婦が形成されないということ、つまり、未婚化ということが原因だとされています。今の時代、ＳＮＳやネットゲームの中で疑似恋愛をされる方も出てきているというふうに聞いていますので、現実ではない仮想空間の中に理想の対象者を求める部分も要因の一つではないかと思っています。

県立高校の合併という話があります。教える先生の確保や財源の確保困難による市立高校の合併というような話も聞いています。

団塊ジュニアの世代、今の40歳後半から50歳前半の方が生まれた１９７４年頃の出生数は、２１０万人ありましたが、３分の１とまでいかずともそれに迫る勢いになっています。言い過ぎかもしれませんが、医療も介護保険制度も、団塊ジュニアの世代に支えられているような社会保障制度ですので、今後何もしなければ、その方たちがいなくなれば成立しない制度というふうになっていくのかなと思っています。

出生数の見通しとしては、２０００年以前の出生数が１２０万人で安定していた１９９０年代生まれの世代が出産期に差し掛かり、今後10年程度は若返りが続く見通しで、この10年が少子化対策の最後のチャンスとも捉えられます。何とか子供を増やしていく方法を考えなければならないと思っています。

団塊ジュニアの方たちが介護保険利用者となって、介護保険の対象者は増えていきますが、保険料、介護の担い手がいなくなるという状況では、保険も成り立たず適切な医療・介護が受けられずに、行末は昔のように、人生60年、70年の時代に戻ってしまうのではないかという懸念があります。

また、地方からの働き手の流出ということに関しましても並行して大きな課題であると捉えています。コロナ禍で、女性の地方で働く場所の減少も影響していたというふうに言われています。ニッセイ基礎研究所の文献によりますと、２０２２年の1月から9月で、コロナの明けた4月以降に、東京都における女性人口が急増しています。この調査では、15歳から29歳の女性、特に20歳から24歳の女性の東京都への転出の一局集中が、コロナが一時収まってきたところで、再び起こっています。東京都への圧倒的な人口集中というのは、20歳から24歳の女性がメインとなって生み出されています。その理由は、女性活躍推進法が適用される大企業の数が圧倒的に多く、自分たちが望む就職先があるのではないかという希望も含めて、職業が数多くあるということかなと感じています。

2位の15歳から19歳の方たちは、専門学校や大学への進学が要因と考えられます。ライフデザインの変化で女性も生涯就職するということへの意識が高まる中での将来設計を含めた高等教育への進学であって、以前のような家庭に入る前の教養向上とか花嫁修業的な進学ではないことを忘れてはならないと思っています。

地方では結婚したら家庭に入るというような、そんな思いをもった若年層以外の方が多くおられるのかもしれません。若者は、その方たちとはやはり意見が相違している部分もありますし、東京や大都市に就職し出ていかれたら、もう帰ってこない、帰ってきたくないというような状況が生まれても仕方がないのかもしれません。

日本では、結婚したら子供を持つべきであるという考え方が意識づいていると思うのですが、皆さんどうですか。結婚したら子供を持つべきと思っている方はおられますか。平成15年頃までは、男性が75・4％、女性が67・4％、そういう意見を持っていました。しかし、２０２１年の調査では、男性が55・０％、女性が36・６％まで減少しています。これは独身の方に聞いた内容で、結婚する可能性を持った方の調査結果となっています。

子供を持つべきという考え方に肯定的な独身の男女割合は、さきほど説明した通りですが、それとは別に、一生結婚するつもりはない未婚者の割合の調査もされています。その調査の対象年齢は、18歳から34歳未満の未婚者で、その割合がかなり急増しています。若い未婚男女が目指すライフデザインにおいて、男女共働きで女性が出産育児期にも仕事を辞めない両立型の支持層がさらに増加しており、今の50歳代から60歳代が理想とした家族のライフデザインとは真逆の結果となっています。

地方における社会福祉業界で働く人材確保、社会福祉業界だけではなく全産業だと思いますが、人材確保の困難さ、ひいては、社会福祉業界を支える人材がなくなってしまう要因となっているのではないかと推察します。

それを解消するには労働者を増やさなければなりません。単純に労働者を増やすといっても難しいのですが、白鳥会はささゆり会の笹山理事長がされています、くすのき介護福祉事業協同組合に加入させていただき、特定技能生等を入れていただいておりますが、そういった外国人労働者を今よりも増やすことが大切だと思っています。

特定技能講習生は、育てても給料の高い東京や大阪に出て行ってしまうということを聞くことがあります。外国人労働者を地方で増やそうとすれば、ある程度、大都市と地方の給与差の発生しない仕組み作りや補助（空きが多くなってきた県住・市住の外国人労働者への無償化等）を、政策化していただき、地方で働くメリットを作っていかなければならないと思っています。行政がどこまで介入できるかというのも分からないですが、東京や大都市だけが良いような制度だと成り立ちませんので、地方でも労働力が増えるような施策を考えていかなければならないと思っています。仕送りのこともありますので、円安からの脱却も急務だと思います。

外国人労働者が増えてくれれば、日本はまだまだ閉鎖的だと思うのですが、日本人と外国人労働者がうまくマッチングすれば出生数増加にも繋がり、全産業の労働人口が増えることによって、その中に社会福祉業界を目指す方も増えてくるのではないかと思っています。先ほど、ささゆり会法人本部長笹山博司さんも言われていましたが、しっかりと政治に訴えていく、団体で訴えるということが大事なのだと考えています。

当法人の白鳥会は平成28年から介護事業に参入して約6年が経過しようとしていますが、現状としても職員は中途採用がほとんどです。新卒者はこの6年間で1人か2人、残っているのは1人くらいの状況です。職員の中途採用募集で、応募してこられる方というのは、いろんな考え方や自分なりの常識をもっておられる方が多く、採用に繋がらない方が多い状況となっています。

また、先日厚生労働省の要望で、介護施設の夜勤体制が1人体制となりました。ワンオペが怖く、責任が重いので複数制にしてほしいという要望書も提出されたのですが、人材がいない中でどのようにすれば可能になるのか…。私はその対策の一つが夜勤ではないのかと思うのですが…。昨今の労働者層は、気持ちの面でかなり弱い方が増えてきているのではないかというふうにも実感しています。

仕事を辞めるという敷居についてもすごく低くなっているのもそうですが、考える力と感じる力、気づく力もかなり低くなっています。これからはさらにこういった方たちが増え、向き合っていかなければならないと感じています。そういう人達を育成し伸ばしていくというのは、かなり時間を要します。それでもやっていかなければならないと思います。ただ、しっかりと労働力を増やそうということであれば、日本人で優秀な方を採用できるということが一番だと思いますが、真面目に働いてくれる特定技能生等を雇用していかなければ、今後の福祉、介護の人材確保は、特に地方ではさらに厳しくなるのではないかと感じています。

私の発表は以上です。ご清聴ありがとうございました。

森脇：コメンテーターの方々からご発言下さい。最初に岸本コメンテーターから発言下さい。

岸本：円安の問題ですが、今1ドル150円近くで、海外旅行で免税店に行っても何の意味もなく、日本で買った方が安いくらいです。日本の力が弱くなっています。

円安の影響で海外からの旅行者が増え、観光産業は儲かるかもしれませんが、国力の衰えは歓迎されるべきではありません。外国人観光者、特に富裕層を狙ったホテルも少しずつ増えてきました。ただ、このようなホテルを日本人はなかなか利用することができません。

東京一極集中の話が出されたのですが、谷村（社会福祉法人みかり会理事長）さんの本拠地がある淡路島に進出したパソナ（リクルートと並ぶくらいの知名度がある）の社長室に勤めている子を学生時代からよく知っていまして、「パソナてどんなんや、南部さんてどんなんや」と聞いたことがあるんです。そうしたら、新人から淡路島に住んで、1年の壁、3年の壁、5年の壁、7年の壁がありますが、3年くらいで大体9割が辞めると言っていました。でも残った1割の人達は頑張って企業文化を作っています。

淡路島で何をやっているかと言ったら、東京では一極集中で子供を1人しか産むことができない。このままでは日本がダメになってしまうということで、南部代表が自分の人生をかけて、淡路島に本社を移し、いろいろと持続可能な観光産業をされています。海外の富裕層が10万円、20万円使って座禅を組んだりするような観光もあるので、皆さん機会があったら笹山社長に連れて行ってもらって下さい。そんなことで南部さんは淡路島で日本のためにまちづくりをやっています。社風や文化というのは、理念とともに「デザインする」という要素も重要ではないかと、先ほどの話を伺いながら思いました。企業の文化と「まちづくり」は相互に影響しあっていると私は思います。そういう意味から言うと、私達社会福祉法人が、それぞれの地域において「まちづくり」すなわち「コミュニティ・デザイン」に関与していくという意識を持つことも大切です。

そのためには、まずは自らの企業文化を良い方向に導き、それを「まちづくり」に影響させていくことが重要です。

山本：社会福祉や介護人材が将来的にこういうことになる。今の状態はこうだという話は、もちろんそうなんですが、私は社会福祉協議会出身ですので、私の地元、宍粟の田舎ではどんなことをやってきたのかというお話を関連して申し上げます。

やっぱり未婚の方が増えています。結婚しない層が増えているので、このまま推移したら誰かが言われましたけど、近い将来宍粟市の千種町、波賀町、そして一宮町など町一つが無くなるのではないかという状況がすぐ目の前にきているのですね。特に男性の独身者が増えている。例えば、私の小学校の同級生は42人いるんですが、すでに何人か亡くなりましたけど、その半数が男性なんです。毎月1回飲み会などで集まるのですが、最近は、コロナ禍で少し集まりにくくなっていますけど、3人か4人くらい結婚していないのです。その同級生に50歳くらいまでは、私もいろいろな女性を紹介してきたんですが、結婚には至りませんでした。今では、もうそういったパートナー紹介はできなくなっています。

今、8050問題、そして、9060問題ということが言われています。いわゆる90歳の親一人に60歳代の息子が同居して、介護問題が生じて困っているという話です。自分が90歳になって一人で暮らしていて朝亡くなっていた。その場合は仕方ないのですが、ある意味非常に寂しい人生で終わってしまう。こういう状況を何とかしないといけないということで、兵庫県も井戸知事の時にいろんな結婚相談事業をやりました。個人情報保護法の壁もあり、なかなか難しい取り組みでしたが一定の成果を上げました。現在は知事も代わり、そのあたりの事業がどのようになっているのかわかりませんが、そういう事業を行政が取り組んできた歴史があります。

さらに、介護の問題は社会福祉だけの話ではなく、地域全体の問題になりつつあります。これからの人口減少社会への対応と未婚者問題について、改めて各自治体やそれぞれの首長が政策化を図る必要があります。

今、宍粟市では、公立総合病院が老朽化し、建て替えと同時に高齢者への新たな疾病対応や感染症等への対応を目指して新病院建設が提案されています。その予算は130億とも150億円とも聞きますが、建設用地の段取りはできましたが、病院を建てる話になると賛否両論、いろんな話が出ています。

介護施設もいろいろと大変なんですけど、いつまでこの状態が続くのか。10年先、20年先、今日お集まりの皆さんが施設の責任者や法人の責任者になられるようになった時にどういう風な状態になっているか。やはり、見通しがなかったらいけないと思います。これは神戸でも東京でも大阪でも同様のことが言えますし、そういうことについてどう考えていくか。大変な問題です。

介護保険制度自体もこれからどのようになるのか。被保険者も利用者も非常に負担増となる話になっています。この話を大学で福祉を学ぶ学生にしましたが、自分なりに自己矛盾を起こして、もう学生の前ではこんな話ができないと思い、大学の非常勤講師の仕事は辞めました。しかし、本日こういう機会を得て、福祉関係の若手の皆様から真剣に取り組みを進めておられるレポートを伺うことができ、心強く思いました。

私は、人口減少がもたらす地域衰退の話とそれへの対応策を先ほど、コメントの中でお話ししました。河本さんの話もそうなんですけど、都会でも住宅でそういう状況が起きています。昭和の高度成長期はニュータウンだったところが、今は、オールドタウンになっていますから、そういう点で、本当にこれについてもっと考え方を変え、そして、変えてどうしていくのかということを真剣に考えなければいけません。「コンパクトシティ」という話もありますが、広大な宍粟市の田舎では、そんなことはできない状態で、非常に私自身悩んでいます。

森脇：これで本日予定されていました発表者のすべての発表を終えていただきました。ありがとうございました。

それでは、最後に本日、コメンテーターを務めていただきました先生方から一言ずつ本日の感想をお願いします。

岸本：皆さんのセンスが少しずつ良くなってきているのにびっくりしています。前はこういう研修会といったらGパンやシャツで来る人が多かったんですが、それなりにだんだんこの業界の方もマナーができてきて、一般企業と戦えるんじゃないかなと思いました。

山本：いや、びっくりしました。塚口先生と野嶋さんから依頼を受けてここに出てきましたけれども、初めは総合司会をしていくはずだったんですが、いろいろと事情があってコメンテーターということで出てきました。何よりも、私自身が今日は勉強させていただきました。本当にありがとうございました。

最後に、今日出てこなかったこととして、事故対応の中で、ヒヤリハットなどはどういう風な取り組みをされているかな、どなたかが発表されないのかと思ったのですが、ちょとそれがなかったのでまた次の機会に期待しています。

森脇：本日、大変貴重な意見を皆さんからお伺いして、また、コメンテーターの方々にも大変貴重なご提言をいただきました。私たちも今日のこの場をスタートとして、施設の壁を越えていろいろな情報交換などを、日常的に続けていけたらと思います。本当に本日はありがとうございました。以上です。

理事長から

近年の社会・介護福祉事業は、物価の高騰が続く経営環境に加えて、コロナ禍による厳しい環境に見舞われています。

しかし、現実は超高齢社会が急速に進展する中で、高齢者や障害者等が必要とするサービスを適切に提供していくためには一時たりとも予断は許されません。

こうした閉塞感を打開しようと若手経営者幹部は果敢な挑戦を続けています。

NPO福祉サービス経営調査会では、社会福祉や介護福祉の現状について、若い経営者幹部による意見発表会を令和4年11月29日に兵庫県立中央労働センターで開催し、わが国における社会福祉や介護福祉の現状とこれからのあり方等について意見を発していただきました。この様子をまとめていただきましたことに感謝いたします。

令和6年5月2日

NPO法人福祉サービス経営調査会理事長　笹山周作

編集後記

近年の社会福祉・介護福祉事業は、物価の高騰が続く経営環境に加えて、コロナ禍による厳しい環境に見舞われています。しかし、現実は超高齢社会が急速に進展する中で、高齢者や障害者等が必要とするサービスに適切に対応していくためには、一時たりとも予断は許されていません。

NPO法人福祉サービス経営調査会では、社会福祉や介護福祉の現状について、若手経営者幹部がどのように考え行動しているかについて、若手経営者幹部によるパネルディスカッションを、令和4年11月29日に兵庫県立中央労働センターで開催しました。

なお、論点については、

① 社会福祉、介護福祉の現状をどう理解するか
② 人材の確保及び育成をどう理解するか
③ コロナ禍の対応を通して何を学んだか

④　行政に物申す

以上の4点について意見を聞く機会を設け、今日的な課題とその解決方策について考え、学ぶ機会としました。

私達も施設経営の一端を担う者の一人として参加しましたが、若手経営者の皆さんがコロナ禍と慢性的な介護人材の不足がもたらす今日の厳しい経営環境にも臆することなく、新たな人材確保とその育成等に熱い情熱をもって新たな経営基盤を開拓しておられることに感心しました。

この放談会で発表された若手経営者の発言内容が多くの関係者に届き、社会福祉・介護福祉が一歩も二歩も進むことを期待してやみません。

塚口　伍喜夫
野嶋　納美
郷田　真佐美
小椋　安希子

監修者紹介

塚口伍喜夫（つかぐち　いきお）

昭和12年10月　兵庫県生まれ
昭和33年3月　中部社会事業短期大学卒業　4月日本福祉大学3年編入学
昭和33年8月　日本福祉大学中途退学
昭和33年9月　兵庫県社会福祉協議会入職
その後、社会福祉部長、総務部長を経て事務局長、
兵庫県社会福祉協議会理事、兵庫県共同募金会副会長を歴任
平成11年4月　九州保健福祉大学助教授・教授・同大学院教授
平成17年4月　流通科学大学教授・社会福祉学科長
平成25年10月　NPO法人福祉サービス経営調査会理事長、顧問
平成28年5月　社会福祉法人ささゆり会理事長、現在に至る

編集者紹介

野嶋　納美（のじま　なつみ）

昭和13年6月　鳥取県生まれ
昭和36年3月　国立埼玉大学経済短期大学部卒業
昭和39年4月　兵庫県職員

民生部北但福祉事務所長、障害福祉課長
兵庫県社会福祉事業団常務理事等を歴任
平成11年4月　日本赤十字社兵庫県支部血液センター事務部長
平成15年4月　社会福祉法人のじぎく福祉会事務局長
平成25年10月　ＮＰＯ法人福祉サービス経営調査会事務局長・常務理事、副理事長
平成28年6月　社会福祉法人ささゆり会評議員、その後理事現在に至る

郷田　真佐美　（ごうだ　まさみ）

昭和58年1月　大阪府羽曳野市生まれ
平成17年3月　九州保健福祉大学社会福祉学部社会福祉計画学科卒業
平成17年4月　社会福祉法人六甲福祉会入職
平成18年4月　社会福祉法人千種会介護職員として入職
令和元年8月　社会福祉法人ささゆり会介護職員として入職、現在に至る

小椋　安希子　（おぐら　あきこ）

平成2年9月　兵庫県姫路市生まれ
平成23年3月　神戸山手短期大学表現芸術学科卒業
令和2年9月　介護付有料老人ホームサンライフさくらひめじ施設長、現在に至る

わが思いを発展の礎に
— 社会福祉法人若手幹部の提言 —

2025年1月25日　初版第1刷発行

■監 修 者 ―― 塚口伍喜夫
■編 著 者 ―― 野嶋納美・郷田真佐美・小椋安希子
■発 行 者 ―― 佐藤　守
■発 行 所 ―― 株式会社 大学教育出版
〒700-0953　岡山市南区西市855-4
電話（086）244-1268　FAX（086）246-0294
■印刷製本 ―― サンコー印刷㈱

ISBN978－4－86692－340－6